AF538018

Freundschaft

Geschichten für uns

Herausgegeben von Clara Paul

Insel Verlag

Insel-Bücherei Nr. 2515

© Insel Verlag Berlin 2017

Freundschaft

»Freundschaft hilft uns, in der Welt zu sein.«

Elena Ferrante

»Wenn man in mich dringt, zu sagen, warum ich ihn liebte, so fühle ich, dass sich dies nicht aussprechen lässt, ich antworte denn: Weil er er war; weil ich ich war.«

Michel de Montaigne, Über die Freundschaft

Peter Bichsel

Mit freundlichen Grüßen

Meine Briefe enden mit freundlichen Grüßen, einer Floskel zwar, aber trotzdem, mir scheint, ich setze die Floskel mit Bedacht, auch wenn ich nicht genau weiß, was ich eigentlich mit ihr meine. Heißt das vielleicht, dass ich freundlich sein möchte, oder meint es gar ein Angebot von Freundschaft? Ich habe auch schon gezögert, die Floskel zu setzen, wenn ich weiß, dass der Empfänger den Satz gar nicht lesen wird, dass er für ihn so selbstverständlich unverständlich ist wie für mich – trotzdem, ich mag es, dass unsere Briefe freundlich enden.

Ich habe meinen Freund im Spital besucht, es ging ihm sehr schlecht, es war schlimm für mich – jetzt geht es ihm besser, mir auch. »Mein Freund«, ein eigenartiges Wort, viel zu groß für unsere kleinen Feste, die wir feiern, wenn wir uns treffen. Nein, ich glaube, wir nennen uns gegenseitig nicht so. Das Wort taugt nichts in der Einzahl, in der Mehrzahl geht es: »Meine Freunde«

ist viel unverbindlicher als »mein Freund«, und »befreundet sein« heißt bereits nicht viel mehr, als sich einigermaßen zu kennen und ab und zu, meist selten, zu sehen.

Freunde haben wir zwar, und befreundet sind wir auch. Aber »mein Freund«, das hat fast etwas Kindisches.

Ja, als Kinder, damals in der Schule, da hatten wir noch einen Freund. Jeder nur einen. Und irgendwie gab es damals noch keine Mehrzahl, man hatte damals keine Freunde, man hatte einen Freund, einen einzigen. Und dass man ihn hatte, war nichts anderes als ein Beschluss, nichts anderes als eine Behauptung. Vielleicht unternahm man mit ihm gar nicht besonders viel, vielleicht hatte man zu ihm gar nicht eine besondere Beziehung – aber er war *der* Freund, ein für alle Mal.

Und nur noch eine Behauptung, gar nichts anderes als eine Behauptung, war damals, als ich ein kleiner Schüler war, die Freundschaft zu einem Mädchen: Rösli K., das war eine tiefernste Liebe. Und sie beschränkte sich darauf, dass ich ihr ein kleines Zettelchen nicht etwa selbst überreichte, sondern auf komplizierten Wegen zuspielen ließ. Auf dem Zettelchen standen die Wörter: »Willst Du mich für den Schatz haben?« Auch das eine Floskel, die nur so und nicht anders heißen konnte und vielleicht nicht einmal unterschrieben war, vielleicht nicht einmal beantwortet. Aber ab nun war Rösli die Liebe. Die Behauptung hatte stattgefunden. Gesprochen hatte ich mit ihr wohl nie. Höchstens rote Ohren bekommen, wenn ich sie sah, und war unter einem Vorwand weggerannt.

Aber die reine (und vorpubertäre) Behauptung hat sich in meine Seele eingebrannt. Sie ist noch da. Ich habe Rösli nach unserer Schulzeit nie mehr gesehen. Aber sie ist noch da – nicht das Rösli, aber die Behauptung Rösli, der Beschluss Rösli. So ernsthaft können wohl nur Kinder sein.

Oder die beiden jungen Frauen im Coffee-Shop in New York, Studentinnen wohl. Ich frühstückte da ab und zu. Sie kannten meine Bestellung zum Voraus und brachten mir die Rühreier und die wunderbar schlechten Bratkartoffeln – ich versuche seit Jahren zu Hause so schlechte Bratkartoffeln zu machen, sozusagen als gute Erinnerung, es gelingt mir nicht. Die beiden Frauen waren sehr freundlich, zwei strahlende Wesen, aber mehr als »Guten Tag«, »Danke schön« und »Bitte schön« sprachen wir nicht miteinander. Eines Morgens nun standen die beiden da mit verweinten Augen, brachten schluchzend die Eier und den Kaffee, und ich wusste in meiner Hilflosigkeit nichts anderes zu sagen als: »Can I help you?« – »Kann ich Ihnen helfen?« »Nein«, bekam ich zur Antwort, »Elvis ist tot.«

Das machte mich sprachlos. Zwei intelligente Wesen weinten hier um einen dicklichen Schnulzensänger. Sehr wahrscheinlich hatten auch sie mal als kleine Kinder beschlossen und behauptet, ihn zu lieben. Ich ging in den nächsten Plattenladen, kaufte mir zwei Presley-Platten, ging nach Hause und hörte ihn den ganzen Tag – eigentlich bewundernd, und nach und nach ging mir sein Tod nahe: Hier war einer gestorben, der von zwei Frauen geliebt wurde.

Ich habe meinen Freund im Spital besucht, ich habe um ihn gezittert. Er hat überlebt – erst jetzt weiß ich, was ich verloren hätte, ich wische eine Träne vom Auge. Wie lange kennen wir uns schon? 43 Jahre! Aber seit wann eigentlich sind wir Freunde? Irgendeinmal muss uns wohl – unausgesprochen – diese kindliche Behauptung noch einmal gelungen sein: »Willst du mein Freund sein?«

~

Antoine de Saint-Exupéry

Bindungen

Zu guter Letzt entdeckte der kleine Prinz eine Straße, nachdem er lange durch Sand, Felsen und Schnee gewandert war. Straßen führen allesamt zu Menschen.

»Guten Tag«, sagte er.

Er stand vor einem Garten voller Rosen.

»Guten Tag«, sagten die Rosen.

Der kleine Prinz sah sie an, alle glichen seiner Blume.

»Wer seid ihr?«, fragte er erstaunt.

»Wir sind Rosen«, sagten die Rosen.

»Ah!«, erwiderte der kleine Prinz …

Er fühlte sich mit einem Mal sehr unglücklich.

Seine Blume hatte ihm vorgemacht, sie sei die einzige ihrer Art im gesamten Universum. Nun waren da fünftausend Rosen in einem einzigen Garten, alle ganz ähnlich!

»Sie wäre wohl recht gekränkt, wenn sie das sähe«, sagte er zu sich, »… sie würde heftig husten und so tun, als müsste sie sterben, um der Lächerlichkeit zu entgehen. Und ich müsste so tun, als nähme ich mich ihrer ernsthaft an, denn andernfalls würde sie wirklich in den Tod gehen, nur um mich auch zu demütigen …«

Darauf sagte er zu sich: »Ich stellte mir vor, der stolze Besitzer einer einzigartigen Blume zu sein, aber ich besitze nur eine gewöhnliche Rose. Das macht aus mir einen großen Prinzen: eine Blume und drei Vulkane, die mir gerade bis ans Knie reichen und von denen einer für alle Zeit erloschen ist …« Im Gras ausgestreckt, brach er in Tränen aus.

In diesem Moment tauchte der Fuchs auf.

»Guten Tag«, sagte der Fuchs.

»Guten Tag«, antwortete der kleine Prinz höflich, indes er sich umdrehte. Er sah aber niemanden.

»Hier bin ich«, sagte die Stimme, »unter dem Apfelbaum.«

»Wer bist du?«, sagte der kleine Prinz, »wie hübsch du bist …«

»Ich bin ein Fuchs«, sagte der Fuchs.

»Spiel mit mir«, schlug der kleine Prinz vor. »Ich bin so traurig …«

»Spielen kann ich nicht mit dir«, sagte der Fuchs. »Ich bin nicht gezähmt.«

»Oh, Verzeihung«, erwiderte der kleine Prinz.

Nach kurzem Nachdenken fügte er hinzu:

»Was heißt ›zähmen‹?«

»Du bist nicht von hier«, sagte der Fuchs. »Was suchst du?«

»Die Menschen suche ich«, sagte der kleine Prinz. »Was heißt ›zähmen‹?«

»Die Menschen haben Gewehre und gehen auf die Jagd«, sagte der Fuchs. »Das ist ziemlich lästig. Doch züchten sie auch Hühner. Nur das interessiert sie. Suchst du Hühner?«

»Nein«, sagte der kleine Prinz. »Ich suche Freunde. Was bedeutet ›zähmen‹?«

»Das ist eine Sache, die man heute sehr vernachlässigt. Es bedeutet ›Bindungen schaffen‹.«

»Bindungen schaffen?«

»Gewiss«, sagte der Fuchs. »Noch bist du für mich nicht mehr als ein kleiner Junge wie hunderttausend kleine Jungen auch. Ich brauche dich nicht, und du brauchst mich nicht. Für dich bin ich nur ein Fuchs wie hunderttausend andere. Aber wenn du mich zähmst, brauchen wir uns gegenseitig. Du wirst für mich einzigartig sein auf der Welt, und ich werde für dich einzigartig sein auf der Welt …«

»Allmählich verstehe ich«, sagte der kleine Prinz. »Es gibt eine Blume, die hat mich gezähmt, glaube ich …«

»Schon möglich«, sagte der Fuchs. »Allerhand Dinge kommen vor auf der Erde …«

»Oh! Nicht auf der Erde«, sagte der kleine Prinz.

Der Fuchs schien sehr verwirrt.

»Auf einem anderen Planeten?«

»Ja.«

»Gibt es auf diesem Planeten Jäger?«

»Nein.«

»Sehr interessant! Und Hühner?«

»Nein.«

»Nichts ist vollkommen«, seufzte der Fuchs.

Dann kam der Fuchs auf seine Idee zurück.

»Mein Leben ist monoton. Ich jage die Hühner, die Menschen jagen mich. Alle Hühner sind sich gleich, und alle Menschen sind sich gleich. Also langweile ich mich ein wenig. Aber wenn du mich zähmst, wäre mein Leben wie von der Sonne erhellt. Ich würde ein Trittgeräusch hören, das sich von allen anderen unterschiede. Die anderen Tritte veranlassen mich dazu, mich in meinen unterirdischen Bau zurückzuziehen, der deine hingegen würde mich wie eine Musik aus ihm hervorlocken. Und dann, schau! Siehst du das Kornfeld dort drüben? Für mich ist es völlig nutzlos, ich esse kein Brot. Kornfelder erinnern mich an gar nichts, und das ist trübsinnig. Du jedoch hast goldene Haare. Wenn du mich gezähmt haben wirst, wie wundervoll wäre es! Das goldene Korn würde mich an dich erinnern. Und ich würde das Geräusch des Windes im Korn lieben …«

Der Fuchs schwieg und sah den kleinen Prinzen lange an.

»Bitte … zähme mich«, sagte er.

»Das würde ich gerne tun«, erwiderte der kleine Prinz, »aber ich habe wenig Zeit. Ich muss Freunde kennenlernen und viele Dinge in Erfahrung bringen.«

»Man kennt nur, was man zähmt«, sagte der Fuchs. »Die Menschen haben keine Zeit mehr, irgendetwas richtig zu kennen. Sie kaufen alles fertig beim Händler. Doch da es keine Kaufhäuser für Freunde gibt, besitzen die Menschen keine Freunde mehr. Möchtest du einen Freund haben, zähme mich!«

»Was muss man dabei tun?«, sagte der kleine Prinz.

»Man muss sehr geduldig sein«, antwortete der Fuchs. »Du müsstest dich in einiger Entfernung von mir ins Gras setzen, etwa so. Ich sähe dich aus dem Augenwinkel an und du würdest kein Wort sagen. Die Sprache ist die Quelle aller Missverständnisse. Du könntest dich aber jeden Tag ein wenig näher setzen ...«

Am folgenden Tag kam der kleine Prinz wieder.

»Es wäre besser gewesen, zur selben Zeit wiederzukommen«, sagte der Fuchs. »Wenn du beispielsweise immer um vier Uhr nachmittags kommst, würde ich ab drei Uhr anfangen, mich zu freuen. Je weiter die Zeit vorrückte, desto glücklicher würde ich mich fühlen. Um vier Uhr wäre ich schon ziemlich unruhig und würde mir Sorgen machen: Ich würde entdecken, dass das Glück seinen Preis hat. Kommst du aber, wann's dir passt, würde ich nie wissen, um welche Zeit ich mein Herz in Stimmung bringen soll … Es muss feste Bräuche geben.«

»Was ist ein Brauch?«, fragte der kleine Prinz.

»Auch so etwas fast Vergessenes«, sagte der Fuchs. »Ein Brauch sorgt dafür, dass sich ein Tag von den anderen Tagen unterscheidet und eine Stunde von den anderen Stunden. Bei meinen Jägern beispielsweise gibt es den Brauch, dass sie donnerstags mit den Dorfmädchen tanzen. Darum ist für mich der Donnerstag ein Festtag, dann spaziere ich bis zu den Weinbergen. Würden die Jäger tanzen, wann es ihnen passt, wären alle Tage gleich und ich hätte nie einen Tag Ferien.«

So kam es, dass der kleine Prinz den Fuchs zähmte. Als sich die Stunde der Trennung näherte, sagte der Fuchs:

»Ach! … Ich werde weinen.«

»Daran bist du selbst schuld«, sagte der kleine

Prinz, »ich meinte es nicht böse mit dir, aber du hast selbst gewollt, dass ich dich zähme …«

»Natürlich«, sagte der Fuchs.

»Und doch wirst du weinen!«

»Natürlich«, sagte der Fuchs.

»Also hast du dabei nichts gewonnen!«

»Ich habe gewonnen«, sagte der Fuchs, »der Kornfarbe wegen.«

Dann setzte er hinzu:

»Besuche die Rosen noch einmal. Dann verstehst du, dass deine Rose einzigartig ist auf der Welt. Komm danach noch einmal zurück, um mir Lebewohl zu sagen, ich werde dir ein Geheimnis anvertrauen.«

Der kleine Prinz machte sich auf den Weg zu den Rosen:

»Ihr gleicht meiner Rose überhaupt nicht«, sagte er zu ihnen, »ihr seid nämlich noch gar nichts. Niemand hat euch gezähmt und ihr habt niemanden gezähmt. Ihr seid, wie mein Fuchs vorher war. Er war bloß ein Fuchs wie hunderttausend andere. Aber ich habe mit ihm Freundschaft geschlossen, jetzt ist er einzigartig auf der Welt.«

Die Rosen waren sehr betreten.

»Schön seid ihr ja«, fuhr er fort, »aber ihr seid leer. Für euch kann man nicht sterben. Natürlich würde ein gewöhnlicher Passant glauben, meine Rose gliche euch. Aber schon für sich allein ist sie wichtiger als ihr alle zusammen, weil sie es ist, die ich gegossen habe. Weil sie es ist, über die ich die Glasglocke gestülpt habe und die ich mit dem Wandschirm geschützt habe. Weil sie es ist, bei der ich die Raupen getötet habe, bis auf zwei oder drei, der Schmetterlinge wegen. Weil sie es ist, der ich zuhörte, wenn sie klagte und sich selbst lobte, und manchmal sogar, wenn sie schwieg. Weil sie meine Rose ist.«

Dann kehrte er zu dem Fuchs zurück.

»Leb wohl«, sagte er …

»Leb wohl«, sagte der Fuchs. »Dies ist mein Geheimnis, es ist sehr schlicht: Man sieht nur mit dem Herzen gut. Das Wesentliche ist für die Augen unsichtbar.«

»Das Wesentliche ist für die Augen unsichtbar«, wiederholte der kleine Prinz, um es zu behalten.

»Die Zeit, die du für deine Rose verloren hast, macht sie so wichtig.«

»Die Zeit, die ich für meine Rose verloren

habe …«, sagte der kleine Prinz, um es zu behalten.

»Die Menschen haben diese Wahrheit vergessen«, sagte der Fuchs. »Aber du darfst sie nicht vergessen. Du wirst auf alle Tage verantwortlich für das, was du gezähmt hast.«

»Ich bin für meine Rose verantwortlich …«, wiederholte der kleine Prinz, um es zu behalten.

~

Elena Ferrante

Lila

Als Lila und ich uns entschlossen, die dunkle Treppe nach oben zu steigen, die, Stufe für Stufe, Absatz für Absatz, zu Don Achilles Wohnungstür führte, begann unsere Freundschaft.

Ich erinnere mich noch an das violette Licht im Hof, an die Gerüche dieses lauen Frühlingsabends. Unsere Mütter kochten das Abendessen, es war Zeit, nach Hause zu gehen, doch wir trödelten und stachelten uns zu Mutproben an, ohne dabei auch nur ein Wort zu wechseln. Seit einer Weile taten wir nichts anderes, in der Schule und außerhalb. Lila steckte ihre Hand und den ganzen Arm in den schwarzen Schlund eines Gullylochs, und ich tat es kurz darauf auch, mit Herzklopfen und in der Hoffnung, dass die Kakerlaken nicht auf meiner Haut hochkrabbelten und die Ratten mich nicht bissen. Lila kletterte bei Signora Spagnuolo im Erdgeschoss am Fenster hoch, hängte sich an die Eisenstange für die Wäscheleine, schaukelte und ließ sich auf den Gehsteig fallen, und ich tat es kurz darauf auch, voller Angst, herunterzufallen und mir wehzutun. Lila nahm eine rostige Sicherheitsnadel, die sie irgendwann auf der Straße gefunden hatte und in ihrer Tasche mit sich herumtrug wie das Geschenk einer guten Fee, schob sie sich unter die Haut, und ich sah zu, wie die Metallspitze einen weißlichen Tunnel in ihre Handfläche grub. Als sie die Nadel herauszog und sie mir gab, tat ich es ihr nach.

Eines Tages warf sie mir ihren typischen Blick zu, diesen entschlossenen, mit zusammengekniffenen Augen, und steuerte auf das Haus zu, in dem Don Achille wohnte. Ich war starr vor

Schreck. Don Achille war der Unhold aus den Märchen, ich hatte das strikte Verbot, mich ihm zu nähern, mit ihm zu sprechen, ihn anzusehen oder ihm nachzuspionieren, wir sollten so tun, als gäbe es weder ihn noch seine Familie. Bei mir zu Hause, aber nicht nur dort, löste er Angst und Hass aus, ohne dass ich den Grund dafür kannte. Mein Vater sprach in einer Weise von ihm, dass ich ihn mir plump vorstellte, mit rotblauen Pusteln übersät, ein Wüterich trotz des »Don«, das ich sonst immer mit einer ruhigen Autorität verband. Er war ein Wesen aus einem unergründlichen Stoff, Eisen, Glas, Brennnesseln, doch feurig, mit einem glühend heißen Atem, der ihm aus Mund und Nase drang. Ich glaubte, selbst wenn ich ihn nur aus der Ferne sähe, würde mir etwas Scharfes, Brennendes in die Augen fahren. Und wäre ich so verrückt, mich seiner Tür zu nähern, würde er mich töten.

Ich wartete eine Weile, um zu sehen, ob Lila es sich anders überlegte und umkehrte. Ich wusste, was sie vorhatte, vergeblich hatte ich gehofft, sie würde es vergessen, doch nein. Die Straßenlaternen brannten noch nicht und auch das Treppenlicht nicht. Aus den Wohnungen drangen gereizte Stimmen. Um Lila zu folgen, musste ich den bläulichen Schimmer des Hofes verlassen und in das Schwarz des Hauseingangs tauchen. Als ich mich endlich dazu entschloss, sah ich zunächst nichts. Ich spürte nur den Geruch nach altem Plunder und DDT. Dann gewöhnte ich mich an die Dunkelheit und sah Lila auf der ersten Stufe des untersten Treppenabschnitts sitzen. Sie stand auf, und wir begannen mit unserem Aufstieg.

Wir hielten uns an der Wandseite, ich zwei Stufen hinter ihr und unschlüssig, ob ich den Abstand verringern oder vergrößern sollte. Ich erinnere mich noch an das Gefühl an meiner Schulter, als ich die Wand mit dem abblätternden Putz streifte, und an den Eindruck, dass die Stufen sehr hoch waren, höher als die des Hauses, in dem ich wohnte. Ich zitterte. Jedes Geräusch – Schritte oder Stimmen – war Don Achille, der uns einholte oder uns entgegenkam, mit einem großen Messer, so einem, mit dem man Hühnern die Brust aufschlitzt. Es roch nach frittiertem Knoblauch. Maria, Don Achilles Frau, würde mich mit siedendem Öl in der Pfanne braten, seine Kinder würden mich verschlingen, und er würde meinen Kopf auslutschen, wie mein Vater es mit den Meerbarben tat.

Wir blieben oft stehen, und jedes Mal hoffte ich, dass Lila sich zur Umkehr entschloss. Ich war vollkommen durchgeschwitzt, ob sie auch, weiß ich nicht. Manchmal schaute sie nach oben, doch wohin genau, konnte ich nicht erkennen, nur das Grau der großen Fenster auf jedem Absatz war zu sehen. Plötzlich ging das Licht an. Es war funzlig, staubig und ließ weite Bereiche voller Gefahr im Schatten liegen. Wir warteten, um zu ergründen, ob es Don Achille gewesen war, der am Lichtschalter gedreht hatte, doch wir hörten nichts, weder Schritte noch eine Tür, die sich öffnete oder schloss. Lila ging weiter und ich hinterher.

Sie war davon überzeugt, etwas Richtiges und Notwendiges zu tun. Ich hatte jeden guten Grund vergessen und war garantiert nur dort, weil sie dort war. Langsam gingen wir dem größten unserer damaligen Schrecken entgegen. Wir stellten uns der Angst und spürten ihr nach.

Auf der vierten Treppe tat Lila etwas Überraschendes. Sie blieb stehen, wartete auf mich, und als ich zu ihr kam, griff sie nach meiner Hand. Das änderte alles zwischen uns, für immer.

~

Marcel Pagnol

Mein Freund Lili

Eines Mittags, als ich von einer zusätzlichen Grammatikstunde aus der Schule kam, schrie mir der kleine Paul schon vom Treppenabsatz entgegen: Jemand hat dir einen Brief mit der Post geschickt! Es ist eine Marke drauf!«

Ich lief hinauf und nahm zwei Stufen auf einmal, wodurch das Geländer wie eine stählerne Harfe vibrierte.

Auf dem Tisch lag neben meinem Teller ein gelber Umschlag, auf dem in ungleichmäßiger, schräg abfallender Schrift mein Name stand.

»Ich wette«, sagte mein Vater, »dass dies ein Brief von deinem Freund Lili ist.«

Vor Aufregung gelang es mir nicht, den Umschlag zu öffnen, und als ich ihn bereits an allen vier Ecken zerrissen hatte, schnitt mein Vater ihn geschickt wie ein Chirurg mit der Messerspitze auf.

Zuerst fielen ein Salbeiblatt und ein getrocknetes Veilchen heraus. Auf drei Seiten eines Schulheftes, mit ungelenker Schrift, deren wellenförmige Linien von Tintenflecken eingerahmt waren, sprach Lili zu mir:

O Kamerat!
ich greiffe zu der Feder, um dir zu sagen das di Drosseln dis Jar nicht gekommen sint. nichts aber nichts. sogar die Kreuzschnebel sint fort. wi Du. nicht zwei habe ich gefangen auch keine rebhüner. ich gehe garnicht mer hin es lont sich nicht. es hat mer wert in der Schule arbeiten um Ortogravi zu lernen was sonst? es ist nicht möglich sogar ameisen gibts keine mer. Sie sint klein die Vögel wollen si nicht. das ist ein Unglück, du hast Glück nicht hir zu sein, es ist ein Malör. ich sene mich dass du kommst und di Vögel ebenso, und di rebhüner und di Drosseln für Weihnachten. Dazu haben si mir zwölf Vallen gestohlen und mindestens fünf-

zig Drosseln. Ich weiss wers is. Di schönste Valle is di von Allo der hinkt. Fergiss es nicht damit ich es auch nicht fergesse. und außerdem ist es kalt mit mistrall. alle tage auf Jacht habe ich Füße wie Ais. zum Glück habe ich den Nasenwärmer. aber ich sehne mich nach dir. Batistin ist zufriden: er fengt jeden Tag dreissig Drosseln mit Fogelleim. vorgestern zehn Fettamern und Samstag zwölf Alpendrosseln mit Vogelleim. Vorgestern war ich unter dem Tete-Rouge, ich wollte den Schtain singen hören, da habe ich mir fast di oren erfroren, er will auch nicht singen er Weint nur, das sint die Neuigkeiten. Grüsse di ganze geselschaft, ich schicke ein salbeiblatt für dich und ein feilchen für deine Mutter,

dein Freund fürs Leben Lili.

meine adresse Les Bellons über Lavalantine Frankreich. Ich schreibe schon drei tage an diesem Brif weil ich nur abends schreibe. meine Mutter ist zufriden. si denkt ich mache meine aufgaben. In mein Heft. Nachher reisse ich die seite heraus. Der Donner hat die große Kiefer von Lagarete getroffen. Es bleibt nichts wie der Schtam und spitz wie eine Feiffe. Atschüs! Ich sene mich nach dir. meine adresse: les Bellons überlavalantine. Frankreich. der Briftrāger heisst Fernand, jeder kennt in er kann sich nicht irren. er kennt mich ser Gut. ich auch.

dein Freund fürs Leben Lili.

Es war nicht leicht, diesen Brief zu entziffern, dessen Schrift durch die Orthographie in keiner Weise erhellt wurde. Doch meinem Vater, dem großen Handschriftenspezialisten, gelang es nach einigem Kopfzerbrechen. Nachher sagte er:

»Gut, dass er noch drei Jahre Zeit hat, sich auf sein Abschlusszeugnis vorzubereiten.«

Dann sah er meine Mutter an und fügte hinzu:

»Dieses Kind hat Herz und echtes Zartgefühl.«

Schließlich wandte er sich an mich:

»Bewahre diesen Brief auf! Du wirst ihn erst später verstehen.«

Ich nahm ihn, faltete ihn, steckte ihn in die Tasche und antwortete nichts: lange vor ihm hatte ich ihn verstanden.

~

Erich Kästner

Zwei Freunde

»... ehe ich euch jetzt hinauswerfe, will ich euch eine kleine Geschichte erzählen. Denn ich habe ja doch das leise Gefühl, dass euer Vertrauen zu mir noch nicht so groß ist, wie es für euch gut wäre und wie ich's mir wünsche ...

Das ist ungefähr zwanzig Jahre her«, erzählte [der Lehrer Doktor Johann Bökh, genannt ›Justus‹]. »Damals gab es hier in diesem Haus auch schon solche Jungen, wie ihr welche seid. Und auch schon sehr strenge Primaner. Und auch schon einen Hauslehrer. Und der wohnte in genau demselben Zimmer, in dem wir jetzt sitzen ... Von einem der kleinen Tertianer, die vor zwanzig Jahren in euren eisernen Bettstellen schliefen und auf euren Plätzen im Klassenzimmer und im Speisesaal saßen, handelt die Geschichte. Es war ein braver, fleißiger Junge. Er konnte sich über Ungerechtigkeiten empören wie der Martin Thaler. Er prügelte sich herum, wenn es sein musste, wie der Matthias Selbmann. Er saß mitunter nachts auf dem Fensterbrett im Schlafsaal und hatte Heimweh wie der Uli von Simmern. Er las furchtbar gescheite Bücher wie der Sebastian Frank. Und er verkroch sich manchmal im Park wie der Jonathan Trotz.«

Die Jungen saßen schweigend nebeneinander auf dem Sofa und lauschten andächtig. Doktor Bökh fuhr fort: »Da wurde eines Tages die Mutter dieses Jungen sehr krank. Und man brachte sie, weil sie sonst bestimmt gestorben wäre, von dem kleinen Heimatort nach Kirchberg ins Krankenhaus. Ihr wisst ja, wo es liegt. Drüben, am anderen Ende der Stadt. Der große rote Ziegelbau. Mit den Isolierbaracken hinten im Garten.

Der kleine Junge war damals sehr aufgeregt. Er hatte keine ruhige Minute. Und da rannte er eines Tages, weil es seiner Mutter sehr schlecht ging, einfach aus der Schule fort, quer durch die Stadt ins Krankenhaus, saß dort am Bett der Kranken und hielt ihre heißen Hände. Dann sagte er ihr, er komme morgen wieder – denn am nächsten Tag hatte er Ausgang –, und rannte den weiten Weg zurück.

Am Schultor wartete schon ein Primaner auf

ihn. Es war einer von denen, die noch nicht reif genug sind, die Macht, die ihnen übertragen wurde, vernünftig und großmütig auszuüben. Er fragte den Jungen, wo er gewesen sei. Der Junge hätte sich eher die Zunge abgebissen, als diesem Menschen erzählt, dass er von seiner kranken Mutter kam. Der Primaner entzog ihm zur Strafe die Ausgeherlaubnis für den nächsten Tag.

Am nächsten Tag lief der Junge trotzdem davon. Denn die Mutter wartete ja auf ihn! Er rannte quer durch die Stadt. Er saß eine Stunde lang an ihrem Bett. Es ging ihr noch schlechter als am Tage vorher. Und sie bat ihn, morgen wieder zu kommen. Er versprach es ihr und lief in die Schule zurück.

Der Primaner hatte bereits dem Hauslehrer gemeldet, dass der Junge wieder fortgelaufen war, obwohl man ihm das Ausgehen verboten hatte. Der Junge musste zum Hauslehrer hinauf. In dieses Turmzimmer hier. Und er stand, damals vor zwanzig Jahren, genau dort, wo ihr vorhin standet. Der Hauslehrer war ein strenger Mann. Auch er war keiner von denen, denen sich der Junge hätte anvertrauen können! Er schwieg. Und so wurde ihm angekündigt, dass er die Schule vier Wochen lang nicht verlassen dürfe.

Aber am nächsten Tag war er wieder fort. Da brachte man ihn, als er zurückkam, zum Direktor des Gymnasiums. Und der bestrafte ihn mit zwei Stunden Karzer. Als sich nun der Direktor am nächsten Tage vom Hausmeister den Karzer aufschließen ließ, um den Jungen zu besuchen und ins Gebet zu nehmen, saß ein ganz anderer Junge im Karzer! Das war der Freund des Ausreißers, und er hatte sich einsperren lassen, damit der andere wieder zu seiner Mutter konnte.

Ja«, sagte Doktor Bökh, »das waren zwei Freunde! Sie blieben auch später beieinander. Sie studierten zusammen. Sie wohnten zusammen. Sie trennten sich auch nicht, als der eine von ihnen heiratete. Dann aber bekam die Frau ein Kind. Und das Kind starb. Und die Frau starb. Und am Tage nach dem Begräbnis war der Mann verschwunden. Und sein Freund, dessen Geschichte ich euch hier erzähle, hat nie wieder etwas von ihm gehört.« Doktor Bökh stützte den Kopf in die Hand und hatte sehr, sehr traurige Augen.

»Der Direktor«, fuhr er schließlich fort, »war

damals außer sich, als er im Karzer stand und den Betrug merkte. Da berichtete ihm der Junge, warum der andere immer fortgelaufen sei, und es nahm doch noch ein gutes Ende. Der Junge aber, dessen Mutter im Krankenhaus gelegen hatte, nahm sich damals vor, dass er in dieser Schule, in der er als Kind gelitten hatte, weil er keinem voll vertrauen konnte, später einmal selber Hauslehrer werden wollte. Damit die Jungen einen Menschen hätten, dem sie alles sagen könnten, was ihr Herz bedrückte.«

Der Justus stand auf. Sein Gesicht war freundlich und ernst zugleich. Er sah die fünf Knaben lange an. »Und wisst ihr auch, wie dieser Junge hieß?«

»Jawohl«, sagte Martin leise. »Er hieß Johann Bökh.«

Der Justus nickte. »Und nun macht, dass ihr rauskommt, ihr Banditen!«

Da standen sie auf, machten eine feierliche Verbeugung und verließen leise das Zimmer.

~

Bertolt Brecht

Freundschaftsdienste

Als Beispiel für die richtige Art, Freunden einen Dienst zu erweisen, gab Herr K. folgende Geschichte zum Besten. Zu einem alten Araber kamen drei junge Leute und sagten ihm: »Unser Vater ist gestorben. Er hat uns siebzehn Kamele hinterlassen und im Testament verfügt, dass der Älteste die Hälfte, der zweite ein Drittel und der Jüngste ein Neuntel der Kamele bekommen soll. Jetzt können wir uns über die Teilung nicht einigen; übernimm du die Entscheidung!« Der Araber dachte nach und sagte: »Wie ich es sehe, habt ihr, um gut teilen zu können, ein Kamel zu wenig. Ich habe selbst nur ein einziges Kamel, aber es steht euch zur Verfügung. Nehmt es und teilt dann, und bringt mir nur, was übrigbleibt.« Sie bedankten sich für diesen Freundschaftsdienst, nahmen das Kamel mit und teilten die achtzehn Kamele nun so, dass der Älteste die Hälfte, das sind neun, der Zweite ein Drittel, das sind sechs, und der Jüngste ein Neuntel, das sind zwei Kamele, bekam. Zu ihrem Erstaunen blieb, als sie ihre Kamele zur Seite geführt hatten, ein Kamel übrig. Dieses brachten sie, ihren Dank erneuernd, ihrem alten Freund zurück.

Herr K. nannte diesen Freundschaftsdienst richtig, weil er keine besonderen Opfer verlangte.

~

Lily Brett

Geschenke

Neulich hat mir eine Freundin pinkfarbene Bettlaken geschenkt. Sie leuchteten so grell, dass sie fast neonfarben wirkten. Wenn sie noch eine Spur greller wären, müsste man mit Sonnenbrille ins Bett gehen.

Meine Freundin wollte sich damit für einen Gefallen bedanken. Als ich die Laken aus dem Geschenkpapier wickelte, bekam ich bei ihrem Anblick Kopfschmerzen. Auf solchen Laken zu schlafen würde mir eine Migräne bescheren.

Für einen Augenblick fragte ich mich, ob ich aussehe wie jemand, der gern auf pinkfarbenen Laken schläft. Ich glaube es eigentlich nicht.

»Wenn sie dir nicht gefallen, kannst du es ruhig sagen, weil ich sie selber ganz toll finde. Am liebsten hätte ich sie für mich behalten«, sagte meine Freundin.

»Sie sind wunderbar; sie werden auf meinem Bett sicher toll aussehen«, sagte ich.

»Das dachte ich mir auch«, sagte sie in zufriedenem Ton.

Wie kam sie auf so eine Idee?, fragte ich mich. Seit Jahren ist meine Bettwäsche ausschließlich weiß. Letzten Monat, als ich eine graue Decke kaufte, war ich ganz aufgeregt.

Warum habe ich meine Freundin angelogen? Warum konnte ich nicht zugeben, dass ich keine pinkfarbenen Bettlaken mag? Schließlich hatte sie mir den Weg geebnet – sie hatte gesagt, sie würde sie gern behalten.

Mir scheint, dass ich fürchtete, mangelnde Begeisterung über das Geschenk könne unsere Freundschaft beeinträchtigen.

Ich habe die Laken der Heilsarmee geschenkt.

Und mich für die Farbe entschuldigt. »Die Farbe ist schwer im Kommen«, sagte die Frau, die sie entgegennahm.

Auf dem Heimweg schämte ich mich für meinen Snobismus. Es war doch wohl nicht zu viel verlangt, auf Laken in egal welcher Farbe zu schlafen. Und es war nicht zu viel verlangt, die Wahrheit zu sagen, wenn man etwas geschenkt bekam.

Ich ging die Fifth Avenue entlang und schämte mich. Ich war ein Snob und eine Lügnerin. Warum fiel es mir so schwer, die Wahrheit zu sagen?

Eine Freundin schenkte mir einmal einen Schal mit Blumenmuster. Das Geschenk machte mich ratlos. Ich hätte gedacht, es wäre ein leichtes, aus meiner vorwiegend schwarzen Garderobe zu schließen, dass Blumenmuster meine Sache nicht sein können.

Außerdem trage ich nie Schals. Sobald ich einen Schal zu tragen versuche, geschieht etwas mit mir. Mein Aussehen verändert sich. Ich verwandle mich in eine Stewardess.

Aber statt die Wahrheit zu sagen, bedankte

ich mich überschwänglich für den Schal. Er liegt noch heute in irgendeiner Schublade.

Ich weiß nicht, warum es uns so schwerfällt, anderen einzugestehen, was wir empfinden. Ich weiß nicht, warum wir nicht ehrlicher miteinander umgehen können. Aber wir können es nicht.

Es fällt uns schwer, Dinge zu sagen, die anderen eine Freude machen könnten, ganz zu schweigen von Dingen, die sie verletzen oder verunsichern könnten. Ich habe dich so gern, ist schwer zu sagen. Ich wäre gern mit dir befreundet, bleibt uns im Halse stecken, wenn wir älter als zehn Jahre sind.

Ich bin zu Abendessen gegangen, zu denen ich nicht gehen wollte. Ich habe Cocktailpartys besucht, die mir ein Graus waren. Weil ich nicht imstande war, die Wahrheit zu sagen.

Ich habe »Das Rheingold« abgesessen, den ersten Teil der Wagner'schen Operntetralogie »Der Ring des Nibelungen«. Ich saß in einer Loge bei der Aufführung der Metropolitan-Opera-Inszenierung im Lincoln Center und tat so, als freute ich mich darüber.

Ich war von Opernliebhabern eingeladen worden und hatte mich nicht getraut, die Einladung abzulehnen. Ein anderer als ich hätte »Das Rheingold« faszinierend gefunden, aber mich macht Wagner nervös und unfroh.

Als die Nibelungen in ihrer Wohnstatt unter der Erde gruben und arbeiteten, krallte ich die Hände in meinen Sitz. Am Ende des zweiten Akts wäre ich am liebsten gegangen, aber ich traute mich nicht, meine Gefühle zu erkennen zu geben.

Ich war sehr erleichtert, als die Aufführung zu Ende war. Als wir das Theater verließen, bedankte ich mich überschwänglich bei meinen Gastgebern, einem Ehepaar. »Hätten Sie Lust, Teil zwei zu sehen, ›Die Walküre‹?«, fragte mich der Mann. Das Herz sank mir in die Hosen. Ich sah ihn an. »O ja«, antwortete ich.

Im Taxi auf dem Weg nach Hause konnte ich nicht fassen, was ich soeben gesagt hatte.

~

Peter Handke

Mein reicher Freund

Es ist im Verlauf der gut vier Jahrzehnte unserer Freundschaft vorgekommen, dass Hubert B. mich fast empört hat. Zum Beispiel eines Tages, als ich ihn, auf seinen Wunsch, an einen »meiner« Orte hoch oben in der Sierra de Gredos inmitten von Spanien mitnahm, wo wir uns am Rand einer Schneefläche zu einem von mir sherpahaft mitgeschleppten, als beschaulich gedachten Picknick niederließen, mit Blick auf den Pico de Almanzor zu unseren Häupten, samt Steinböcken in den Steilstwänden, und zu unseren Füßen den besonderen Gredos-Salamander, der mit den unüblich kleinen Gelbflecken – und als Hubert da sofort alles liegen- und stehenließ, um mit seinem ziemlich anderen Freund Gianni Agnelli in Italien oder sonstwo zu telefonieren, und, das Palaver beendet, unverzüglich zum Aufbruch zurück ins Tal drängte.

Es ist auch vorgekommen, dass H.B., der Doktor der Kunstgeschichte, Senator, Medienobere usw., mich weidlich genervt bzw. angeödet hat. Etwa, als er auf einer gemeinsamen Wanderung zum Schloss von Versailles unterwegs in die einstige Königsstadt sich allmählich, in Worten und in Gehabe, erst in den königlichen Baumeister, dann in den königlichen Gartenarchitekten und zu guter Letzt vor der Schlossfassade in den Sonnenkönig höchstselbst verwandelte; oder sooft er eine seiner Paraderollen, die des Internetpioniers und -propheten spielte, mich, den verstockten Ignoranten, verwechselnd mit einem erleuchteten Expertenpublikum in Davos, im Silicon Valley, in Wien-Siebenhirten oder sonstwo.

Jedoch ungleich häufiger ist es vorgekommen, und kommt es weiter vor, dass mein Freund Hubert Burda mich erstaunt hat, und erstaunt; mich bewegt hat, und bewegt; mich bereichert, und weiterhin bereichert. Zeitweise geschieht das wie unwillkürlich, ohne sein Zutun, ohne persönliche Hinwendung, etwa mit jenem Satz, der ihm einst, am Anfang seiner bis heute mit solch Verantwortung erfüllten Epoche als »Konzernherr«, entfahren ist: »Was mir an mir so gut gefällt, ist meine Willenlosigkeit!« Oder, viel später einmal, eines

Morgens in jenem ihm wohl gar ungewohnten Sterne-Hotel irgendwo, sein auf mich übergreifendes Staunen, mit dem er sagte: »Wie schön dieses Zimmer! Keine Zeitschriften auf dem Tisch – nichts, was man darauf vergessen kann!«

Und noch ungleich häufiger kam und kommt es vor, dass Hubert Burda sein Gegenüber überrascht hat, und überrascht, bereichert hat, und bereichert, mit seiner ganz speziellen, wie nur ihm eigenen, in Wort wie Tat höchstpersönlich gemeinten, eben freundschaftlichen Zuwendung. Und viele, viele haben diese wohl schon erfahren, seine sozusagen Angestellten ebenso wie die sozusagen Gleichgestellten. Er ist kein Oberer – es sei denn, im Sinn einer sozialen Pflicht – und niemandes Feind, ermangelnd auch jeden Killerinstinkts (es sei denn im Spiel, und auch da eher nur beim Tischtennis).

Solch freundschaftliche Zuwendungen erfahre ich jeweils als ein Geschenk: Hubert Burda schenkt mir sein Vertrauen. Viele Beispiele könnte ich dazu erzählen. Aber sie gehören nicht hierher – werden, so Allah will, nachzulesen sein in einer anderen Version der *Kartause von Parma*, voraussichtliches Erscheinungsdatum März 2019, oder wann … Hier erzählt sei nur eines, so geschehen eben erst, am gestrigen Tag, dem 30. Januar 2010, am Telefon. Hubert, gerade zurück von »seinem« Tegernsee oder von einem Weltpolitiker- und Ökonomen-Treffen, oder was, in Davos, oder wo, hatte gerade wieder angesetzt, mich … (siehe oben, zweiter Absatz), als seine Stimme unversehens umsprang und ins Erzählen geriet, grundiert von Staunen und Verwunderung, einer durch und durch herzlichen: »Kennst du Ottobeuren? Was für eine schöne Kirche, und ganz leer. Auf der Rückfahrt bin ich dort eingekehrt, und stell dir vor: das Wasser im Weihwasserbecken war zugefroren! Wie ich mit den Fingern da hineingreife, um mich zu bekreuzigen, stoße ich auf hartes Eis! Was für ein Gefühl. Unglaublich!«

Leicht abgeschmackt die stehende Wendung, mit der ich ab und zu Hubert Burda den Leuten vorstelle: »H.B., mein reicher Freund.« Hier aber ist vielleicht der Ort, der Wendung eine andere Wendung zu geben: Hubert Burda, ein andersreicher Freund, ein wirklichwahrreicher.

Als Geburtstagsgruß ein kleiner Absatz. Eigenhändig übersetzt, aus dem gewaltigzarten Buch, das ich gerade lese, *The Journals of John Cheever:*

»Die Luft im Tal erscheint rauchig. Im Südwesten ein doppelter Donnerschlag. Ich merke: Käme kein Regen, bräche der Sturm nicht aus, wäre ich bitter enttäuscht. Dann kurvt der Sturm nach Osten und stößt endlich ins Tal. Kaum fällt der Regen, duftet die Luft. Ben schneidet ein Papierflugzeug aus für seinen kleinen Bruder. Der alte Hund weicht nicht von mir.«

~

Max Frisch

Wahre Freunde

Timon von Athen hat eines Tages, um die Freundschaft seiner Freunde zu prüfen, nur Schüsseln voll Wasser aufgetischt; er erfuhr dabei, was er eigentlich schon wusste, und gab sich bitter vor Enttäuschung über die Menschen, denn siehe, sie kamen immer nur seines Reichtums wegen und waren keine wahren Freunde. Finden Sie seine großen Flüche über die andern berechtigt? Offenbar hatte der reiche Timon von Athen gemeint, Freundschaft kaufen zu können.

~

Bertolt Brecht

Herr Keuner vertritt die Leute

Herr Keuner verhielt sich Freunden gegenüber, wenn sie Fehler begangen hatten, meist sehr nachsichtig und hilfsbereit, aber zu Zeiten nahm er auch die Haltung eines fremden und gleichgültigen Menschen ein. Das nannte er *die Leute vertreten.* Er legte Wert darauf, sie das Urteil der Leute spüren zu lassen. »Es ist nicht freundschaftlich gegenüber Freunden«, sagte er, »ihnen gegenüber keine Besorgnis zu zeigen, sein Gesicht zu verlieren. Gerade Freunden gegenüber muss man sein Gesicht bewahren. Das eben ist Freundschaft.«

~

Amos Oz

Die gute Stunde

An Winterabenden versammelte sich manchmal bei uns oder im Haus gegenüber, bei den Sarchis, ein kleiner Freundeskreis: Chaim und Chana Toren, Schmuel Werses, das Ehepaar Breimann, der aufbrausende und sonderbare Herr Scharon-Schwadron, Herr Chaim Schwarzbaum, der rothaarige Folklorist, und Israel Chanani, der bei der Jewish Agency arbeitete, mit seiner Frau Esther Chananit. Sie kamen nach dem Abendessen, um sieben oder halb acht, und gingen um halb zehn, was damals als spät galt. Zwischen Kommen und Gehen tranken die Gäste glühend heißen Tee, aßen Honigkekse oder Früchte und debattierten in höflichem Zorn über alle möglichen Dinge, die ich nicht verstand, aber, das wusste ich, eines Tages verstehen und mit ebendiesen Leuten diskutieren würde. Und ich würde ihnen künftig noch schlagende Argumente liefern, die ihnen gar nicht in den Sinn gekommen waren, wäre vielleicht sogar fähig, sie zu überraschen, würde zu gegebener Zeit vielleicht auch Geschichten »aus dem Kopf« verfassen, wie Herr Sarchi, oder Gedichte wie Bialik und wie Großvater Alexander und Levin Kipnis und wie der Arzt Dr. Scha'ul Tschernichowski, dessen Geruch ich nie vergessen werde.

Die Sarchis waren nicht nur Vaters ehemalige Vermieter, sondern auch sehr nahe Freunde, trotz der ständigen Meinungsverschiedenheiten zwischen meinem Vater, dem Revisionisten, und dem »roten« Sarchi: Vater liebte das Reden und Erläutern, und Herr Sarchi hörte gern zu. Mutter flocht hin und wieder ein oder zwei leise Sätze ein, und zuweilen führten ihre Worte dazu, dass das Gespräch unmerklich das Thema oder die Tonart wechselte. Esther Sarchi wiederum stellte manchmal Fragen, und Vater genoss es, ihr mit ausführlichen Erklärungen zu antworten. Israel Sarchi wandte sich ab und zu an Mutter, gesenkten Blickes, und fragte sie nach ihrer Meinung, als bitte er sie in Geheimsprache, sie möge ihm in der Not beistehen, ihn in der Diskussion unterstützen: Mutter konnte alles in neuem Licht erscheinen lassen, mit wenigen, zurückhaltenden

Worten tat sie das, und danach hielt manchmal ein feiner, friedlicher Geist Einzug in die Diskussion. Eine neue Ruhe, eine Behutsamkeit oder ein leichtes Zögern mischte sich nun in die Reden der Debattierenden. Bis sich die Gemüter nach einiger Zeit erneut erhitzten und die Stimmen wieder in kultiviertem, aber von Ausrufezeichen strotzendem Zorn anschwollen.

Im Jahr 1947 erschien im Tel Aviver Verlag Joshua Chachik Vaters erstes Buch, *Die Novelle in der hebräischen Literatur. Von ihren Anfängen bis zum Ende der Haskala-Zeit*. Dieses Buch beruhte auf der Magisterarbeit, die Vater seinem Lehrer und Onkel, Professor Klausner, eingereicht hatte. Die Titelseite trägt den Vermerk: »Dieses Buch hat den Klausner-Preis der Stadt Tel Aviv erhalten und wurde mit dessen Hilfe und mit Hilfe des Zippora-Klausner-Gedenkfonds veröffentlicht.« Professor Dr. Joseph Klausner höchstpersönlich hatte das Vorwort verfasst:

> Es ist mir eine doppelte Freude, ein hebräisches Buch über die Novelle im Druck zu sehen,

das mir, in meiner Eigenschaft als Professor für Literatur an unserer einzigen hebräischen Universität, als Abschlussarbeit im Gebiet der modernen hebräischen Literatur von meinem langjährigen Schüler, meinem Neffen Jehuda Arie Klausner vorgelegt wurde. Dies ist keine gewöhnliche Arbeit … Es ist eine umfassende und erschöpfende Studie … Auch der Stil des Buches ist zugleich vielgestaltig und klar, dem wichtigen Inhalt angemessen … Ich kann also gar nicht umhin, mich zu freuen … Der Talmud sagt: »Schüler sind wie Söhne« …

Und auf einer eigenen, dem Titelblatt folgenden Seite widmete mein Vater dieses Buch dem Andenken seines Bruders David:

Meinem ersten Lehrer der Literaturgeschichte –
meinem einzigen Bruder
David
der mir in der Finsternis der Diaspora verlorenging.
Wo bist du?

Zehn bis vierzehn Tage lang lief Vater, auf dem

Rückweg von der Arbeit in der Zeitungsabteilung der Nationalbibliothek auf dem Skopusberg, tagtäglich zu unserem Postamt am östlichen Ende der Ge'ula-Straße, gegenüber dem Durchgang zum Viertel Mea Schearim, in gespannter Erwartung der Belegexemplare seines ersten Buches, das, wie es hieß, bereits erschienen und in einer Tel Aviver Buchhandlung auch schon von jemandem gesichtet worden war. Tag für Tag lief Vater also zur Post, und Tag für Tag kehrte er mit leeren Händen zurück, und Tag für Tag erklärte er, wenn die Büchersendung von Herrn Gruber in der Druckerei Sinai auch morgen nicht eintreffen sollte, würde er zur Apotheke gehen und entschieden, mit allem Nachdruck Herrn Joshua Chachik in Tel Aviv anrufen: Das ist doch wirklich unerträglich! Wenn die Bücher nicht bis Sonntag, bis Mitte der Woche, allerspätestens bis Freitag ankommen sollten … – doch dann kam die Sendung, nicht per Post, sondern mittels einer Botin, einer heiteren jungen Jemenitin, die uns ein Paket ins Haus brachte, nicht aus Tel Aviv, sondern direkt von der Druckerei Sinai (Jerusalem, Telefon 2892). Das Paket enthielt fünf

Exemplare von *Die Novelle in der hebräischen Literatur,* druckfrisch, jungfräulich, eingeschlagen in mehrere Lagen hochwertiges weißes Papier (das man offenbar für die Korrekturfahnen eines Bildbandes verwendet hatte) und mit Bindfaden wohlverschnürt. Vater dankte dem Mädchen, vergaß auch in seiner stürmischen Freude nicht, ihr einen Shilling in die Hand zu drücken (damals ein durchaus respektabler Betrag, der für ein vegetarisches Mittagessen in einem Tnuva-Imbiss reichte). Danach bat Vater Mutter und mich, mit an den Schreibtisch zu kommen und beim Öffnen des Pakets neben ihm zu stehen.

Ich erinnere mich, wie Vater seine bebende Gier in Zaum hielt, den Bindfaden des Pakets nicht etwa mit Gewalt zerriss, ihn auch nicht mit der Schere kappte, sondern – ich werde es nie vergessen – die festen Knoten, einen nach dem anderen, mit unendlicher Geduld löste, wobei er wechselweise seine starken Fingernägel, die Spitze des Brieföffners und eine aufgebogene Büroklammer benutzte. Auch als er fertig war, stürzte er sich nicht auf das neue Buch, sondern rollte bedachtsam den Bindfaden auf, entfernte das prächtige Hochglanzpapier, das als Verpackung diente, berührte mit den Fingerspitzen leicht den Einband des obersten Exemplars, wie ein schüchterner Liebhaber, führte es behutsam an sein Gesicht, öffnete das Buch ein wenig, schloss die Augen und schnupperte zwischen den Seiten, atmete tief den frischen Druckgeruch, den Hauch des neuen Papiers, den betörenden Geruch des Buchbinderleims ein. Dann begann er in dem Buch zu blättern, warf zuerst einen Blick ins Register, überflog mit scharfem Auge die Seite mit den Berichtigungen und Ergänzungen, las erneut Onkel Josephs Vorwort und seine eigene Einführung, berauschte sich an der Titelseite, streichelte wieder den Einband und erschrak plötzlich bei dem Gedanken, meine Mutter könne sich im Stillen über ihn lustig machen: »Ein druckfrisches neues Buch«, sagte er wie entschuldigend zu ihr, »ein erstes Buch, das ist doch beinahe so, als wäre mir gerade eben noch ein Baby geboren worden.«

»Wenn man ihm die Windeln wechseln muss«, sagte Mutter, »wirst du mich bestimmt rufen.«

Darauf ging sie, war aber gleich wieder aus der Küche zurück mit einer Flasche Tokaier – süßem

Kidduschwein – und drei winzigen Gläschen, die für Likör gedacht waren, nicht für Wein, und sagte, wir wollen jetzt auf das Wohl von Vaters erstem Buch anstoßen. Sie schenkte ihm und sich ein und auch mir ein Tröpfchen, und vielleicht gab sie ihm auch einen Kuss auf die Stirn wie einem Kind, und er streichelte ihr den Kopf.

Am Abend breitete Mutter eine weiße Decke über den Küchentisch, wie am Schabbat und an Feiertagen, und servierte Vaters Lieblingsgericht – Borschtsch, auf dem ein weißer Eisberg aus Sauerrahm schwamm –, und sie sagte »auf die gute Stunde«. Auch Großvater und Großmutter kamen an jenem Abend, um an der bescheidenen Feier teilzunehmen. Großmutter meinte zu Mutter, der Borschtsch sei gut und schön und auch ziemlich schmackhaft, aber – möge Gott sie davor bewahren, um Himmels willen irgendwelche Ratschläge geben zu wollen – es sei doch seit eh und je bekannt, schon jedem kleinen Mädchen, sogar den gojischen Dienstmädchen, die dort in jüdischen Häusern gekocht hätten, dass der Borschtsch säuerlich und nur ganz wenig süß sein müsse, keinesfalls aber süß und nur leicht säuerlich sein dürfe, nach Art der Polen, die ja bekanntlich alles maß- und grenzenlos und ohne Sinn und Verstand süßten, und wenn man nicht aufpasse, würden sie noch den Salzhering in Zucker ertränken, und sogar den Meerrettich wären sie imstande in Marmelade zu baden.

Mutter wiederum dankte Großmutter, dass sie uns an ihrer reichen Erfahrung habe teilnehmen lassen, und versprach, von heute an dafür zu sorgen, dass sie bei uns nur noch Bitteres und Saures bekäme, so recht nach ihrem Herzen. Vater war viel zu froh und gutgelaunt, um auf solche Sticheleien zu achten. Er schenkte ein Buch mit Widmung seinen Eltern, eines Onkel Joseph, eines seinen Herzensfreunden Esther und Israel Sarchi, eines weiß ich nicht mehr, wem, und das letzte reihte er seiner Bibliothek ein, an auffälliger Stelle, eng angelehnt, als würde es sich anschmiegen, an die Reihe der Schriften seines Onkels, des Professors Joseph Klausner.

Drei, vier Tage währte Vaters Freude, dann schlug seine Freude in Niedergeschlagenheit um. So wie er vor Eintreffen der Sendung tagtäglich zum

Postamt gerannt war, so rannte er nun tagtäglich zur Buchhandlung Achiasaf in der King-George-Straße: Drei Exemplare von *Die Novelle in der hebräischen Literatur* standen dort. Auch am nächsten Tag waren die drei noch dort, kein Exemplar war verkauft worden. Und so war es auch nach zwei und nach drei Tagen.

»Du«, sagte Vater mit einem traurigen Lächeln zu seinem Freund Israel Sarchi, »du setzt dich hin, schreibst alle sechs Monate einen neuen Roman, und sofort schnappen all die schönen Mädchen danach und nehmen dich auf der Stelle mit ins Bett. Und wir Forscher mühen uns jahrelang ab, jede Einzelheit zu belegen, jeden Zitatfetzen genau zu überprüfen, brüten Tag und Nacht über einer kleinen Fußnote, und wer liest es? Höchstens wir selbst, das heißt, drei bis vier Mitgefangene unserer Disziplin lassen sich herab, einander zu lesen, ehe sie einander verreißen – und manchmal selbst das nicht. Ignorieren es einfach.«

Es verging eine Woche, und nicht eines der drei Exemplare bei Achiasaf war verkauft. Vater sprach nicht mehr über seinen Kummer, aber sein Kummer erfüllte die ganze Wohnung wie ein Geruch. Er brummte nicht länger schrecklich falsch beim Rasieren oder Geschirrspülen die Melodie von »Felder im fruchtbaren Tal« oder »Tau von drunten, Mond überall, von Bet Alfa bis Nahalal«. Erzählte mir nicht mehr die Handlung des Gilgamesch-Epos oder die Abenteuer von Kapitän Nemo und Ingenieur Cyrus Smith in *Die geheimnisvolle Insel*, sondern versenkte sich wütend in die Papiere und Lexika auf seinem Schreibtisch, zwischen denen sein nächstes gelehrtes Werk Konturen anzunehmen begann.

Doch dann, nach weiteren zwei, drei Tagen, am Freitagnachmittag, kurz vor Schabbatbeginn, kam Vater glücklich und aufgeregt und am ganzen Leib bebend nach Hause, wie ein Junge, dem die Klassenschönste vor aller Welt einen Kuss gegeben hat: »Verkauft! Alle verkauft! An einem Tag! Nicht ein Exemplar! Nicht zwei Exemplare! Alle drei sind verkauft! Alle! Mein Buch ist ausverkauft – und Shachna Achiasaf wird bei Chachik in Tel Aviv ein paar neue Exemplare bestellen! Was heißt, wird?! Hat schon bestellt! Heute Morgen! Per Telefon! Nein, nicht noch drei Exemplare, sondern fünf! Und er meint, auch das sei noch nicht das letzte Wort!«

Wieder ging Mutter aus dem Zimmer und kehrte mit der Flasche unerträglich süßem Tokaier und den drei winzigen Likörgläschen zurück. Sie verzichtete diesmal auf Borschtsch mit Sauerrahm und auf die weiße Tischdecke. Stattdessen schlug sie vor, am Abend mit ihm ins Edison-Kino zu gehen, um sich in der ersten Vorstellung einen berühmten Film mit Greta Garbo anzusehen, die beide bewunderten.

Mich ließen sie bei den Sarchis, um dort zu Abend zu essen und mich vorbildlich zu benehmen, bis sie um neun oder halb zehn zurücksein würden. Vorbildlich, hörst du?! Damit wir auch nicht die leiseste Klage über dich hören! Wenn sie den Tisch decken, denk daran, dass du Frau Sarchi anbietest, ihr zu helfen. Nach dem Essen, aber erst wenn alle vom Tisch aufstehen, nimm dein Geschirr und stell es vorsichtig auf die Marmorplatte neben den Spülstein. Vorsichtig, hörst du?! Dass du nichts zerbrichst. Und nimm, wie zu Hause, einen Lappen und wisch schön das

Wachstuch ab, nachdem der Tisch abgeräumt ist. Und rede nur, wenn du angesprochen wirst. Wenn Herr Sarchi arbeitet, dann such dir ein Spielzeug oder Buch und gib keinen Ton von dir! Und wenn Frau Sarchi, Gott behüte, wieder über Kopfschmerzen klagt, dann belästige sie mit nichts. Mit gar nichts, hörst du?!

Dann gingen sie. Frau Sarchi zog sich vielleicht ins andere Zimmer zurück oder besuchte eine Nachbarin, und Herr Sarchi und ich gingen zusammen in sein Arbeitszimmer, das, wie bei uns, zugleich auch als Schlafzimmer und Wohnzimmer diente. Das Zimmer, das einmal Vaters Studentenbude und dann das Zimmer meiner Eltern gewesen war, das Zimmer, in dem sie mich wahrscheinlich gezeugt haben, denn sie hatten vom Tag ihrer Hochzeit bis etwa einen Monat vor meiner Geburt darin gelebt.

Herr Sarchi ließ mich auf dem Sofa Platz nehmen und unterhielt sich ein wenig mit mir, worüber, weiß ich nicht mehr, aber nie werde ich vergessen, wie ich plötzlich auf dem kleinen Tisch beim Sofa nicht weniger als vier Exemplare von *Die Novelle in der hebräischen Literatur* entdeckte, aufgestapelt wie im Laden: ein Exemplar hatte Vater, wie ich wusste, Herrn Sarchi mit Widmung geschenkt, »meinem Freund und Gefährten, der mir teuer ist«, und noch drei, bei denen ich einfach nicht begriff, was und wieso, und um ein Haar Herrn Sarchi gefragt hätte, doch im letzten Moment erinnerte ich mich an die drei Exemplare, die gerade heute, nachdem man die Hoffnung schon aufgegeben hatte, bei Achiasaf in der King-George-Straße endlich gekauft worden waren, und sogleich überflutete mich eine Welle tiefer Dankbarkeit und rührte mich fast zu Tränen. Herr Sarchi sah, dass ich im Bild war, lächelte jedoch nicht, sondern blickte mich einen Moment von der Seite an, kniff ein wenig die Augen zusammen, als nähme er mich schweigend in einen Verschwörerring auf, sagte kein Wort, beugte sich nur vor, nahm drei der vier Exemplare vom Tisch und steckte sie in eine untere Schublade seines Schreibtisches. Auch ich schwieg, sagte kein Wort, nicht zu ihm und nicht zu meinen Eltern. Erzählte es niemandem, bis zu Sarchis frühem Tod und bis zum Sterbetag meines Vaters, niemandem, außer, viele Jahre später, der Tochter,

Nurit Sarchi, die nicht verwundert schien über das, was ich ihr erzählte.

Zwei, drei Schriftsteller gehören zu meinen besten Freunden, sind mir seit Jahrzehnten lieb und vertraut, aber ich bin nicht sicher, dass ich fähig wäre, für einen von ihnen etwas zu tun, was dem gleichkommt, was Israel Sarchi für meinen Vater getan hat. Wer weiß, ob ich überhaupt auf solch einen großzügigen Einfall gekommen wäre. Israel Sarchi lebte doch, wie alle damals, wirklich von der Hand in den Mund. Und die drei Exemplare von *Die Novelle in der hebräischen Literatur* kosteten ihn bestimmt mindestens so viel wie ein notwendiges Kleidungsstück für den Winter.

Herr Sarchi ging aus dem Zimmer und kam mit einer Tasse lauwarmem Kakao ohne Haut zurück, weil er sich von den Besuchen bei uns daran erinnerte, dass man mir abends Kakao ohne Haut zu trinken gab, und ich dankte ihm höflich, wie man es mir beigebracht hatte, und hätte ihm sehr, sehr gern noch etwas gesagt, was mir wichtig war, fand aber nicht die Worte und saß nur ganz still auf dem Sofa in seinem Zimmer, um ihn ja nicht bei der Arbeit zu stören, obwohl Herr Sarchi an jenem Abend eigentlich gar nicht arbeitete, sondern einfach dasaß und im *Davar* blätterte, bis meine Eltern aus dem Kino zurückkamen, den Sarchis dankten und sich eilig verabschiedeten, um mich nach Hause zu bringen, denn es war ja schon sehr spät, man musste Zähne putzen und sofort schlafen gehen.

~

Cees Nooteboom

Das Rätsel der Freundschaft

Weil es für mein Gefühl damals ständig geregnet hat und der Himmel über Loch Lomond bleigrau war, weiß ich nicht mehr genau, in welcher Jahreszeit ich Mary McCarthy zum ersten Mal begegnete. Ich denke, es war Herbst, aber genauso gut könnte es ein schottischer August gewesen sein. Sie hätte es gewusst, besaß sie doch, so schien es, ein untrügliches Gedächtnis – für Namen, Daten, für den Inhalt von Büchern, Opernlibretti, Formulierungen in einem vor langem geführten Gespräch, für die Nuancen, in denen ein Charakter sich offenbart oder verrät, die gegensätzlichen Standpunkte in einer philosophischen Diskussion. Das konnte etwas Beängstigendes haben, die Flüchtigkeit und Unordnung in meinem eigenen mnemonischen Apparat nahmen sich dagegen armselig aus. Trotzdem erinnere ich mich noch an jenes erste Mal im Jahr 1962, weil es ein so verrückter Tag war. Wie bei vielen literarischen Kongressen hatte man eine Art Schulausflug organisiert, und plötzlich befindet man sich dann in einem Bus wie eine beliebige Touristenschar, schreibende Wesen, aus ihrer Stube befreit, Größen und Unbekannte bunt durcheinandergewürfelt. Das Blei der Wolken, wiederholt im Blei des Wassers, der deutsche Verleger, der einen Purzelbaum schlägt im nassen grünen Gras, allseits infantiles Benehmen, Verbrüderung von Menschen, die die Werke des anderen Gott sei Dank zumeist nicht lesen können. Während dieser Busfahrt ist eine Freundschaft entstanden, die siebenundzwanzig Jahre währen sollte und die ich in jenen Tagen als eine Art Auserwählung sah, deren Warum ich nicht erfassen konnte. Sie stand auf dem Gipfel ihres Ruhms, gerade fünfzig geworden, ich war neunundzwanzig, mit nichts in der Hand, das ich sie hätte lesen lassen können, kein Schriftsteller folglich und dennoch jemand, der schrieb. Ich wusste, dass sie im Ruf einer gnadenlosen Kritikerin stand, hatte ihre früheren Romane und Erzählungen gelesen sowie die Essays in *On the Contrary*, eine verblüffende Mischung aus Analyse, Urteil, Formulierung, Stil. Ich kannte eigentlich niemanden, der so schrieb, rational und rhetorisch zugleich, kam mir ungeschickt, zu jung, frivol und oft auch dumm vor und beschloss, das Rätsel dieser plötzlichen Freundschaft einfach hinzunehmen. Es sollte mit allen *ups and downs*, mit der Strenge und dem Humor, die zu ihrem Wesen gehörten, die mir wichtigste und teuerste Freundschaft werden, eine, die mich von viel Unsinn und Chaos befreit hat.

Es gibt eine natürliche Hierarchie in Freundschaften zwischen einem Älteren und einem Jüngeren, dem, der mehr erlebt und mehr gelesen hat, gegenüber dem anderen, für den die Jahre noch unbeschrieben sind, doch solange diese Hierarchie natürlich ist, führt sie nicht zu jener Art von Ungleichheit, die eine Freundschaft unmöglich macht. Der Jüngere fühlt, sofern der oder die andere sich nicht mit dem vollen Gewicht über ihn beugt, dass er vielleicht anderer Qualitäten wegen geschätzt wird, Lernbegier, Intuition, der Möglichkeit, etwas an ihn weiterzugeben, Formen des Wiedererkennens, die sich einer Analyse entziehen, denn auch wenn es hier offensichtliche Berührungspunkte gab wie eine katholische Jugend, lateinische Hymnen und eine Faszination für das Visuelle, so bergen wir in unseren eindeutigen, öffentlich in Erscheinung tretenden Personen immer noch andere, die ihrer eigenen, nicht nachvollziehbaren Wege gehen, und das macht eine große Freundschaft ebenso rätselhaft wie verschiedene andere Formen von Liebe.

~

Bertolt Brecht

Liebe und Freundschaft

Herr Keuner sagte: Es ist ein weitverbreiteter Unfug, dass die Liebe über die Freundschaft gestellt wird und außerdem als etwas völlig anderes betrachtet. Die Liebe ist aber nur so viel wert, als sie Freundschaft enthält, aus der allein sie sich immer wiederherstellen kann. Mit der Liebe der üblichen Art wird man nur abgespeist, wenn es zur Freundschaft nicht reicht.

~

Peter Bichsel

Meine langen Reisen nach Biel

Ich mag lange Bahnfahrten, und ich mag sie vor allem, wenn sie zwecklos, also ziellos, sind und ins Nichts oder ins Irgendwo führen – die dauernde Flucht, aber abgesichert durch Geleise, die zurückführen nach dem Zuhause. Eine kurze Fahrt durch den Weißensteintunnel zwischen Solothurn und Moutier, und schon ist man in einer ganz anderen Welt, die weit weg sein könnte, Schottland oder Irland oder Südamerika, und bei der Rückfahrt das Bild wieder nach und nach verlieren und beim nächsten Mal wieder erstmalig und einmalig vom Bild der wunderbar fremden Welt überrascht sein.

Die schönste und liebste Bahnreise aber in eine andere Welt war auch die kürzeste, fünfzehn Minuten von Solothurn nach Biel – Woche für Woche immer am Donnerstag seit über dreißig Jahren. Ich traf Jörg Steiner. Wir tranken Rotwein und freuten uns, zusammen zu sein. Und wir spielten dabei eigentlich von Anfang an die alten Männer, denen die Welt fremd geworden ist. Wir jammerten und spotteten und blödelten und wurden dabei Woche für Woche älter, bis wir alt waren. Drei Tage vor seinem Tod besuchte ich ihn, wie immer am Donnerstag, im Spital. Er ließ für mich einen Wein kommen und nahm auch selbst einen Schluck – wir hatten es gut wie immer, wie vor einer Woche, als wir noch von der einen Beiz in die andere zogen.

Der Abschied auf dem Bahnhof war seit je ein Ritual. Wir sprachen nie davon, es war einfach so. Ich stieg im hintersten Wagen ein, er kam ans Fenster und drückte seine Handfläche ans Glas und ich auf der anderen Seite meine. Dann ging er nach vorn zur Treppe und wartete auf die Abfahrt des Zuges. Und wie ich an ihm vorbeifuhr, winkte er mit großen seitlichen Armbewegungen dem Zug und mir. Es war wie ein Abschied für lange, für sehr lange Zeit. Meine Fahrt in eine fremde Welt, sein Zurückbleiben in einer fremden Welt. Nein, nicht ganz im Ernst, aber gespielt mit dem Ernst von Kindern. Das Spiel der alten Männer, die alte Männer spielten in einer Welt, die uns nach und nach fremd geworden ist, es fiel uns mehr und mehr schwer, über sie zu staunen.

Dabei fanden wir uns recht gut zurecht in dieser so penetrant neuen und dauernd noch neueren Welt. Daran lag es nicht. Computerkurse für Senioren sind zwar nützlich, aber nicht eine Einführung in eine Welt, die durch Marketing das Staunen verlernt hat.

Vielleicht haben wir das versucht an unseren Donnerstagen, das Staunen zu üben. Wissen Sie, was ein Waldrapp ist? Kennen Sie die kleinen Tautropfen in den Blüten der Kapuzinerli? Mit wem soll ich jetzt darüber sprechen. Ein Zoologe hilft mir da nicht und ein Botaniker auch nicht. Es gibt viele Sachen, über die ich nur mit Jörg reden konnte. Nein, keine persönlichen Probleme oder so etwas, sondern banale Dinge, über die wir uns freuen konnten, über die wir lachen, spotten und staunen konnten. Die kurze Reise von Solothurn nach Biel wurde in der Beiz zur langen Reise in unsere Welt, die wir uns aus Sprache zusammenbastelten.

Ich werde oft zu mir sagen: »Das muss ich dem Steiner erzählen« und schmerzlich feststellen, dass ich es nie mehr und niemandem erzählen kann. Er hat unsere gemeinsame Sprache mitgenommen, sie taugt jetzt nichts mehr. Mir fallen dabei auch andere tote Freunde wieder ein, meine Frau Therese – der Griff zum Telefon –, das muss ich Therese erzählen, nur Therese versteht das, und feststellen, dass sie das Telefon nicht abnehmen wird. So ist das, die Toten nehmen die Sprache, die man mit ihnen gesprochen hat, mit ins Grab.

Unser gemeinsamer Freund Max Frisch stellt in seinem zweiten Tagebuch die Frage: »Wenn Sie an Verstorbene denken: wünschten Sie, dass der Verstorbene zu Ihnen spricht, oder möchten Sie lieber dem Verstorbenen noch etwas sagen?«

Ja, sicher, etwas sagen, erzählen, erzählen – weißt du noch.

Nächsten Donnerstag werde ich, wie immer, zum Bahnhof gehen und, wie immer, Richtung Biel fahren. Ob ich da aussteigen werde, weiß ich noch nicht. Ohne Jörg wird mir die Reise doch zu kurz. Vielleicht fahre ich an Biel vorbei.

~

Hermann Hesse

Maler und Schriftsteller

Es war ein Maler, ein Mann der Farben, und ein Schriftsteller, ein Mann der Worte, die waren durch viele Jahre miteinander gut befreundet. Je und je war auch einmal die Rede davon gewesen, der Maler solle den Schriftsteller gelegentlich porträtieren. Aber das Leben ist nun einmal so: es kam nie dazu. Erst war es so, dass der Mann der Worte, der zehn Jahre älter als sein Freund war, immer viel zu tun und wenig Lust zum geduldigen Stillsitzen hatte; jetzt war es aber längst der andere, der Mann der Farben, der erfolgreich und berühmt geworden war und die Freuden und Leiden dieses Zustandes erlebte: das Vielbeschäftigtsein, das beständige Inanspruchgenommenwerden, die Besuche und Briefe hilfesuchender Kollegen, das Reisenmüssen, die Porträtaufträge. Der Mann der Worte indessen war inzwischen alt geworden und hatte sich mehr und mehr zurückgezogen, war viel krank, machte längst keine Reisen und keine Besuche mehr, und die Mehrzahl seiner Freunde hatte sich daran gewöhnt, ihn mit Ansprüchen zu verschonen und ihn seinem still gewordenen Einsiedlerleben zu überlassen. In einer Hinsicht aber war der Literat in dieser Freundschaft vom Glück begünstigt. Sein Malerfreund gehörte nicht, wie so viele andere Künstler, zu den Analphabeten, sondern verstand das Schreiben vorzüglich, es wurden mehrmals im Jahre Briefe getauscht; die des Malers waren sowohl länger wie gehaltvoller als die des Schriftstellers, dafür hatte dieser die Möglichkeit, durch Übersendung seiner Bücher und Aufsätze den Freund über sein Leben und Denken zu unterrichten. So kam es, dass diese Freundschaft nicht nur fortbestand, sondern sich sogar weiterentwickeln konnte, obwohl man einander jahrelang kaum wiedersah. Es war eine von den Freundschaften, die man nicht als zufällig und Glückssache, sondern als einen organischen Bestandteil des Lebens empfindet, eine Freundschaft, deren man sich sicher fühlt und von der man zu wissen meint, dass sie, nach Jahren und Jahrzehnten des Getrenntseins, bei jeder Wiederbegegnung sofort in aller Lebendigkeit und Zuverlässigkeit sich wieder einstellen und bewähren werde.

Eines Tages nun, durch einen äußern Anlass angeregt, tauchte die Porträtfrage zwischen den beiden Freunden wieder auf, und es fügte sich diesmal, dass gerade beide Zeit und Neigung dazu hatten. Der Mann der Worte, der jemand mit seinem Bildnis beschenken wollte, lud den Mann der Farben für ein paar Sommerwochen zu sich ein; er stellte ihm frei, entweder in seinem Hause oder in einem nahen Hotel sein Gast zu sein, und sprach die Hoffnung aus, es werde dabei ein Bild entstehen, das er ihm dann abkaufen könne. Bereitwillig sagte der Maler zu, und man vereinbarte, dass der Ältere ihm täglich etwa zwei Stunden sitzen werde. Dies aber, so fand der Maler, sei Leistung genug von Seiten seines Freundes, und von Gastsein könne ebenso wenig die Rede sein wie von Abkaufen des Bildes, sondern er sei zufrieden und dankbar, wenn der Freund ihm so viel Zeit opfere, und ohnehin sei er ihm, dem Älteren, schon lange für dies und jenes Dank schuldig, und wenn er diesen Dank dadurch abtragen könne, dass er ein anständiges Bild male und dieses Bild dem Modell zum Geschenk mache, dann sei ihm gedient und er werde sich freuen.

So also drehte der Maler, ein gefährlicher Charmeur, den Stiel des ihm zugedachten Auftrages um, und es begann ein diplomatischer Kampf um das Schenkendürfen und Beschenktwerden, den der Maler auf der ganzen Linie gewann. Der Mann der Worte wurde aus dem Auftraggeber zum Beschenkten, es half ihm kein Sträuben. So setzte er sich denn während der Wochen, in denen er vormittags gemalt wurde, jeden Nachmittag eine Weile hin, um seinerseits dem Freunde aus Papier und Tinte ein kleines Gegengeschenk herzustellen.

Jeden Vormittag erschien der Maler nun im Hause. In einem großfenstrigen, »Atelier« genannten Raum hatte er eine Ecke für seine Gerätschaften eingeräumt erhalten bekommen. Zwei Stunden wurde gesessen und gemalt, und der Schriftsteller, an keine ernstliche Arbeit mehr gewöhnt, hatte dabei das befriedigende Gefühl, etwas nütze zu sein, jeden Tag eine kleine Pflicht zu erfüllen, ja beinahe mitzuarbeiten. Er saß recht geduldig, und trotz der großen Sommerhitze kam es nur wenige Male vor, dass er sich für einen Moment dem Einnicken nahe fühlte, dann gab er sich einen Ruck oder bat um fünf Minuten Pause. In der Pause strich der Maler weiter Farbe auf sein Bild und wurde gelegentlich damit geneckt, dass er ja geradeso gut ohne Modell weiterarbeiten könne. Manchmal aber traten in diesen Pausen beide Freunde über die sonnenglühende

Terrasse in den Garten hinaus, stellten sich unter den großen Maulbeerbaum, dessen schwerbeladene Zweige tief herabhingen, und aßen von den saftigen, süßen Beeren. Dann ging es wieder an die Arbeit, und meistens waren ihre Gespräche während des Malens lebhaft und herzlich.

Sie begannen meistens mit dem Aktuellsten, nämlich mit dem begonnenen Bild und den Freuden und Tücken des Porträtmalens, und da hatte der Mann der Farben häufig ein glühendes Bedürfnis, mit sich selbst, mit seinem Talent, seinem Schicksal, seiner Natur zu hadern. Wütend und mit hoch emporgezogenen Augenbrauen konnte er feststellen, die alten Meister hätten es leicht gehabt, worauf der andere einmal erwiderte: Freilich, das sehe man ja den Selbstbildnissen des alten Rembrandt auch an. Jawohl, wiederholte der Maler grimmig, sie hatten es leicht gehabt, diese alten Meister, man möchte sie direkt zum Teufel wünschen, wenn man sie nicht leider so gern hätte. Ihm aber, dem Beklagenswerten, sei es schon oft genug aus Volkes Mund bestätigt worden, dass er ein Stümper und Nichtskönner sei. Einmal habe ihm ein Mann beim Malen einer Landschaft zugesehen, und als er sie glücklich verpatzt und fast alles wieder abgekratzt habe, da habe der Zuschauer die Achseln gezuckt und sich mit den Worten empfohlen: »Ja, Male-n-isch e Gottesgab!« Und einmal seien zwei Weiber lange hinter ihm gestanden, die eine von ihnen konnte sich gar nicht vom Anblick des wütend in seine Arbeit verbissenen Malers losreißen, bis die andere sie endlich fortzog und dazu unwillig rief: »So chumm jetz ändlig emol, das macht jo der Karli deheim schöner.« Und das Schlimmste: Einmal, als er sich viele Wochen lang mit einem Porträt abgequält habe, sei ein Freund und Kollege von ihm erschienen, habe das Bild eine Weile angeschaut, und als er um sein Urteil gebeten wurde, habe er schweigend sein Taschenmesser gezogen, die Klinge aufgemacht und das offene Messer dem Porträtisten hingereicht. Überhaupt. Porträtieren! Es sei unbegreiflich, wie die Virtuosen, diese Affen, oft gleich bei der ersten Sitzung die Ähnlichkeit heraushätten! Bei ihm komme das, wenn überhaupt, meistens erst ganz zuletzt. Aber es helfe nichts, trotz alledem sei das Porträt wohl die schönste und würdigste Aufgabe des Malers, und im Grunde beneide er die nicht, die dazu zu bequem seien und sich darum drückten.

Meistens war der Maler auch am Nachmittag da und malte dann ohne Modell oder nur mit ganz kurzen Zwischensitzungen weiter; oft erkannte der Mann der Worte das Bild, wenn er eine Stunde weggewesen war, kaum wieder. Nach vierzehn Tagen und nachdem das begonnene Bild eine Weile dem alten Hölderlin, dann wieder eine Weile dem Abraham Lincoln geglichen hatte, begann der Maler Geschichten und Aussprüche von großen Malern über das Porträtieren zu erzählen. Einen von ihnen hatte man gefragt, wie lange er zu einem guten Porträt brauche, und er hatte geantwortet: »Eine halbe Stunde. Aber um diese halbe Stunde zu erwischen, brauche ich neunzig Sitzungen.« Und dann bereitete er sein Modell schonend darauf vor, dass es mit dem Bild recht wohl noch weitere Wochen dauern könne. Der Literat jedoch, mit den Sitzungen zufrieden und außerdem an den alten Chinesen geschult, versicherte ihm jedes Mal, dass es ihm nicht nur auf Wochen, sondern auch auf Monate durchaus nicht ankäme und dass es ein rechtes Vergnügen sei, solch einem Bilde zuzusehen, wie es bald dem, bald jenem gleiche, bald einem Jüngling und bald einem Achtzigjährigen; er sehe diesem Schauspiel gern noch lange zu, und auch die Seelenkämpfe des Malers und sein gelegentliches Schwelgen in Minderwertigkeitsgefühlen seien ihm sympathisch und interessant, er werde ihnen gerne noch den ganzen Sommer und bis in den Herbst hinein beiwohnen.

Einige Male spielten die Freunde in einer Mußestunde eine Partie Schach. Das war für den Mann der Worte, einen weder begabten noch irgend geübten Spieler, ein großes Vergnügen. Es wurde da niemals verloren, sondern stets gewonnen. Tat der Nichtskönner einen Zug, so sagte der Maler etwa: »Ja, ein guter Zug, er bringt Schwarz fast in Verlegenheit. Nur freilich, wenn Schwarz jetzt so und so antwortet, dann ist Weiß übel dran und verliert nach drei Zügen mindestens eine Figur – wir tun daher doch lieber diesen Zug nicht.« Stattdessen legte er dem Gegner einen andern Zug nahe, und hatte dieser ihn getan, dann konnte er stöhnen: »Jetzt stecke ich in einer bösen Lage. Das kostet mich bei Gott den Turm, und dann steht der König blutt da!« Am Ende hatte der Nichtskönner immer gewonnen und dazu noch die Illusion, viel gelernt zu haben. Und wenn der Maler sich bei der Arbeit selber mit Tadel und Vorwürfen überhäuft und dem älteren Freunde zuweilen eine unangemessene Überlegenheit angedichtet hatte, so gab es, beim Schach wie anderwärts, immer wieder Situationen, in denen der Ältere nicht bloß der Empfangende, sondern auch der Schwächere und Lernende war.

Inzwischen hatte der Maler schon längst ein zweites und drittes Bild begonnen, an denen er meistens auch auswendig viel weitermalte, von denen aber auch eines in nur zwei Sitzungen und eines in einer einzigen fertig wurde. So schön diese Fortschritte waren, für den Gemalten hatten sie auch ihren Nachteil und brachten ihn oft in eine unsichere Lage: Worte der Anerkennung für des Freundes schöne Arbeit musste er doch je und je sagen und sich der Selbstzerfleischung des nie mit sich Zufriedenen entgegenstemmen; andrerseits aber wünschte er durchaus nicht, dass die Arbeit schon bald zu Ende komme. Hie und da wurde dem Maler eins der Bilder entrissen und beiseitegestellt, damit er das darin Erreichte nicht wieder zerstöre, und jedes dieser Bilder war erstaunlich verschieden von den andern; jedes zeigte eine andere Seite des Modells, und während der Maler immer hartnäckiger und wütender darum kämpfte, womöglich alle diese Aspekte auf einem einzigen Bilde zusammenzubringen, entstand Bild um Bild, und die schönen Sommerwochen flogen dahin, und dann erfuhr man nur so gelegentlich und nebenher, dass neben den Bildnissen auch noch andere Bilder in dieser Zeit entstanden, Landschaften, die meisten vom Hotelfenster aus, darunter ein Nachtbild. Es war eine Hochglut, eine richtige herrliche Besessenheit und Arbeitswut über den Künstler gekommen, schön und manchmal rührend anzusehen, und für den alten Literaten in seinem Ruhestand auch manchmal recht beschämend.

Unheimlich schnell gehen die hübschen und heiteren Zeiten uns dahin, nichts ist so vergänglich wie das Glück. Es war ein Bild ums andere fertig geworden und die Unterhaltungen der Freunde zu einem immer schöneren und offeneren Austausch geworden, und mit dem spürbaren Sichnähern des Abschlusses und Abschiedes wurde es beiden allmählich beglückend und etwas wehmütig bewusst, dass sie da miteinander eine schöne und reiche Zeit genossen hatten. Sie wird beiden in guter Erinnerung bleiben. Ein Fest beschloss diese glücklichen Wochen, und im geschmückten Hauptraum des Hauses standen die Bilder nebeneinander aufgestellt, Ergebnis eines sehr ernsthaften Kampfes und zugleich eines vielseitig fruchtbaren Zusammenlebens. Auch nahm man voneinander und von dieser Arbeit nicht für immer Abschied. Man war vielmehr übereingekommen, sie in einem künftigen Sommer wieder aufzunehmen, nicht weil die Aufgabe nicht erfüllt gewesen wäre, sondern weil jede solche Arbeit und jedes solches Zusammensein von Freunden unausschöpfbar und immer neuer Ergebnisse fähig ist.

~

Michael Scharang

Alte Freunde

Es waren zwei Männer, ein Ägypter und ein Österreicher, die verband von Jugend an eine tiefe Freundschaft. Dass ihre Wege sich trennten, so zufällig, wie sie sich gekreuzt hatten, blieb ohne Einfluss auf ihre Freundschaft. Selbst wenn das Meer zwischen ihnen lag, gewöhnlich das Mittelmeer, manchmal der Atlantik, hatten sie doch das Empfinden, miteinander verbunden zu sein, spürbar, wie damals in der Jugend, als sie Felswände durchkletterten, der bergkundige Alpenbewohner am oberen, der sternenkundige Wüstenbewohner am unteren Ende des Seils.

Sofern kein Gewitter aufzog – im Sommer fuhren Blitze nieder mit einer Angriffslust, dass man sich, die beiden waren einmal in ein Unwetter geraten, freiwillig hinwarf und das Gesicht ins Geröll drückte – und sofern im Winter der Fels nicht mit Eis überzogen war, unternahmen die beiden jeden Sonntag eine Klettertour auf den Hochschwab, ein Kalkmassiv inmitten der Steiermark, nur zweitausend Meter hoch, aber überreich an zerklüfteten Felstürmen und lotrechten Wänden.

Zu dem Empfinden der beiden, entfernt voneinander zu sein und doch Seite an Seite zu leben, gesellte sich die Gewissheit, dass sie, indem sie einander schrieben, in stetem Austausch standen. Briefe zu schreiben bedeutete für sie nicht, das Sprechen zu ersetzen, denn sie schrieben nicht im Plauderton, sondern wohlüberlegt, und suchten für die Sache, um die es ging, den schönsten Ausdruck, der Sache wegen, aber auch aus Lust am Klang der Wörter, den sie, wenn einmal ein Satz gelungen war, in ihrem Überschwang für die Sache hielten.

Das erforderte Zeit. Einen Brief zu schreiben hieß, sich einen Tag freizuhalten. Und da keine Woche verging, ohne dass sie einander schrieben, verwandten sie in einem Monat vier, manchmal fünf ganze Tage auf nichts anderes als auf ihre Korrespondenz. Entsprechend knapp fassten sie sich im Umgang mit der übrigen Welt.

Hunderte Briefe, sorgsam gesammelt, gern wiedergelesen, waren es im Lauf der Jahrzehnte geworden, der Abstand von Brief zu Brief wurde nicht länger, die Briefe nicht kürzer. In ihnen offenbarten die zwei Männer Gefühle, die sonst im Verborgenen geblieben und dort erstickt wären, weil ihnen die Lebensluft gefehlt hätte, und sie vertrauten einander Gedanken an, vor deren Kühnheit sie, mit sich allein, zurückgeschreckt wären, Gedanken, die, wie die beiden sich ausdrückten, mit dem Kopf durch die Wand, nicht an ihr zerschellen sollten.

Und dann, im Alter, dieser Hass. Sinnesverwirrt und kraftlos traten sie gegeneinander an, zwei brüchige Windmühlen, die sich für Ritter hielten, bereit zum tödlichen Hieb gegen den Halunken, der, so wüst dachten sie voneinander, diese schöne Freundschaft gemein verraten hatte. Für beide gab es nur einen Schuldigen: den anderen. Sie konnten, zerfressen von Hass, das Glas nicht mehr halten, verschütteten den Wein, mit dem sie sich Mut hätten antrinken wollen, Mut, um das Maul aufzureißen, damit der Fluch herauskann und sich im Feind verkrallt.

Gegen diesen Wahn, in dem sie sich suhlten wie in einer Jauche, von deren Gestank sie nicht genug bekamen, gab es nur eine einzige Barriere, eine unscheinbare und doch haltbare Schranke, nämlich, dass es nicht in der Natur der beiden Männer lag, sich in Hass zu verzehren.

Sie waren dem Ausbruch dieser Pest nicht gewachsen, einer Gefühlspest, die auch den Körper, die beiden waren um die sechzig, an allen Ecken und Enden in Mitleidenschaft zog, als Kopf-, als Gelenks-, als Rückenschmerzen, in einem Ausmaß, dass das Herz, damit das Leben nicht stehenblieb, schneller und schneller schlagen musste.

Das Herz befand sich im Wettlauf mit dem Tod. Der klopfte mit der Knochenhand einen aberwitzigen Takt, um es anzutreiben, bis es erschöpft aufgeben würde. An eine Ruhepause war in diesem Kampf nicht zu denken, schon gar nicht an einen heilsamen Schlaf, der doch für die beiden Männer, schon um zur Besinnung zu kommen, so wichtig gewesen wäre.

Sie hätten es als himmlisch empfunden, einmal, ein einziges Mal in diesen höllischen August- und Septemberwochen des Jahres 2001 in einen Schlaf zu fallen, der länger währte als zwei Stunden. Aber auch dieser Kurzschlaf war nur eine Art Ohnmacht, randvoll noch dazu mit Albträumen.

Erwachten sie daraus, war es ein Aufschrecken, das den Körper von der Matratze katapultierte und ihn neben das Bett auf den Fußboden warf. Als sie später darüber sprachen, konnten sie es nicht fassen, dass jedem das Gleiche widerfahren war: von einem Albtraum aus dem Schlaf gerissen zu werden und, wach geworden, neben dem Bett sich wiederzufinden. Danach aber waren sie erst recht mit einem Albtraum konfrontiert, dem schrecklichsten: der Wirklichkeit ihrer, wie sie meinten, für immer zerbrochenen Freundschaft.

Der Österreicher, er hieß Heinrich Freudensprung, wusste nicht, in welchem Zustand der Freund sich befand, sprach vom Ende seines Lebens, halblaut sprach er in sich hinein, dass er diese Pein keinen Tag länger ertrage. Der Ägypter mit Namen Zacharias Sarani, der seinerseits nicht ahnte, wie es dem Freund erging, fühlte sich sterbenselend. So könne er nicht leben. Der September war noch nicht zu Ende – der Monat, in welchem unweit des Hauses, in dem der Österreicher wohnte, im südlichen Teil Manhattans, die beiden höchsten Gebäude New Yorks nach Anschlägen zusammenstürzten; die Nachricht darüber kam ihm zwar zu Ohren, sein Verstand, vom eigenen Unglück zerrüttet, vermochte sie jedoch nicht aufzunehmen –, der September war noch nicht zu Ende, als die beiden Freunde, gegen ihre Absicht, wie jeder betonte, doch wieder miteinander sprachen, wenn auch nur am Telefon.

Freudensprung war es, der sich überwand und aus New York anrief. Er hatte sich ein paar Sätze zurechtgelegt: dass man einander lange nicht gesehen, dass das Leben ihm übel mitgespielt habe. Sarani sagte nur: Nimm die nächste Maschine. Freudensprung antwortete: Die nächste Maschine nach Kairo fliegt morgen. Der andere sagte: Ich hole dich ab. Und legte auf.

~

Isaac Bashevis Singer

Die Prozessparteien

Man unterhielt sich über Prozesse, und die alte Genendl, eine entfernte Verwandte von uns, eine, wie es heißt, im Kleingedruckten bewanderte Frau, sagte: »Es gibt Leute, die gerichtliche Streitereien lieben. Selbst unter uns Juden gibt es welche, die bei jeder Gelegenheit zum Rabbi laufen und ein Urteil nach dem Recht des Talmud verlangen. In vergangenen Zeiten waren die polnischen Gutsbesitzer ganz verrückt auf Duelle und Prozesse. Nicht weit von unserer Stadt lebten zwei Gutsbesitzer, Zbigniew Piorun und Adam Lech, kleine Gutsbesitzer, nicht solche wie die Radziwills oder die Zamoyskis. Piorun besaß ein paar hundert Leibeigene. Das war vor der Bauernbefreiung. Ihm gehörten Felder, Wälder und ein Stall mit Rennpferden. In seinen jüngeren Jahren war er Reiter und Jäger gewesen und hatte alle Pferderennen besucht. Damals gab es noch den Sejm in Warschau, und Piorun war bei allen Sitzungen anwesend. In der polnischen Verfassung gab es eine Klausel, die besagte: Wenn die Adligen ein bestimmtes Gesetz oder eine Steuer durchbringen wollten, genügte es, wenn nur ein Delegierter sein Veto einlegte, das ganze Projekt war dann zum Scheitern verurteilt. Das war das Vetum separatum. So konnten sie nie zu einer Entscheidung kommen. Aufgrund dieser unmöglichen Situation wurde Polen schließlich in Stücke gerissen. Piorun war fast immer unter denen, die das Veto benutzten. Er liebte es, lange Reden zu halten und jedes Programm, das jemand vorschlug, herunterzumachen. Zu Hause forderte er alle paar Wochen jemanden zum Duell. Er hatte einen Hofjuden, Reb Getz, der das ganze Gut verwaltete und, unter anderem, auch für das Melken der Kühe verantwortlich war. Piorun hatte den Ehrgeiz, Reb Getz zu beweisen, dass Jesus der wahre Messias gewesen sei. Als Piorun einmal eine Debatte mit Reb Getz angefangen hatte, die bis zum Abend dauerte, sagte Reb Getz: ›Exzellenz, wer immer der Messias ist oder sein wird, er wird nicht Eure Kühe melken.‹

Piorun und seine Frau hatten Söhne und Töchter. Sie waren alle gutaussehend und hatten in die Hocharistokratie geheiratet. Jedes Jahr gab er einen Ball, und aus ganz Polen kamen dazu Angehörige der besten Gesellschaft. Der andere Gutsbesitzer, Adam Lech, war klein und schwarz wie ein Zigeuner, er hatte weder Frau noch Kinder. Er war der Besitzer eines kleinen Gutes mit ein paar hundert Leibeigenen. Er hatte keinen Hofjuden. Er verwaltete alles selbst. Er war ein zorniger Mann, und wenn ein Bauer etwas tat, das ihm missfiel, prügelte er ihn mit eigener Hand. Zwischen Zbigniew Piorun und Adam Lech bestand eine lange Feindschaft. Ihre Güter grenzten aneinander, und seit vielen Jahren stritten sie wegen eines Stückes Land, das Lech als seinen Besitz betrachtete. Piorun hatte es in seinen Grund eingeschlossen und umzäunt. Der Streit kam vor Gericht, und wie alle Prozesse in Polen schleppte er sich über Jahre hinweg. Ein Richter fällte ein Urteil, ein anderer fällte ein anderes. Jeder Antrag erforderte teure Stempelmarken. Alle Schreiber mussten mit Geld oder Geschenken bestochen werden. Piorun konnte sich dies alles leisten, aber Lech nicht. Wie heißt es? ›Ehe der Dicke mager wird, stirbt der Magere.‹ Benachbarte Gutsbesitzer versuchten zu vermitteln. Beide Seiten blieben hartnäckig. Mit der Zeit verlor Lech alles. Sein Haar wurde vor der Zeit weiß. Vor lauter Kummer, vielleicht auch vom Trinken, wurde er so mager, als ob er die Schwindsucht hätte. Nach und nach verkaufte er all seine Felder, seine Wälder und sogar seine Leibeigenen. Man erwartete täglich seinen Tod, aber irgendeine Macht hielt ihn am Leben. Adam Lech soll gesagt haben, er werde diese Welt nicht verlassen, ehe die Gerichte ihm nicht wiedergegeben hätten, was Piorun gestohlen habe, denn die Wahrheit müsse hervorkommen wie Öl auf dem Wasser.

Eines Tages erhielten beide Gutsbesitzer aus Warschau die Mitteilung, dass sie an einem bestimmten Tag vor dem höchsten Gericht zu erscheinen hätten, wo sie das endgültige Urteil erhalten würden. Piorun war die ganze Sache gleichgültig geworden. Seine Frau war gestorben, die Kinder nicht mehr bei ihm. Er konnte sich gar nicht mehr an Einzelheiten des Streites erinnern, aber da der Sejm in Warschau zusammentreten würde, hatte Piorun den Wunsch, noch einmal sein Veto einzulegen. Er hatte einen alten Wagen und einen alten Kutscher mit Namen Wojciech. Pioruns alte Haushälterin gab dem Gutsbesitzer Reiseproviant mit, und auch ein paar Flaschen Wodka. Sie waren erst eine kurze Strecke gefahren, als der Wagen plötzlich hielt. ›He, Wojciech, warum hast du angehalten?‹, fragte Piorun, und Wojciech sagte: ›Adam Lech steht mitten auf der Straße und lässt mich nicht vorbei.‹ – ›Was? Lech, der alte Leichnam!‹, sagte Piorun. Er verstand sofort, warum. Lech hatte oftmals gedroht, Piorun wie einen tollen Hund zu erschießen, und jetzt würde er es tun. ›Es ist gut, dass ich meine Pistole nicht vergessen habe‹, sagte Piorun. Die Sonne war untergegangen, und im Dämmerlicht begann Piorun mit seiner rostigen Pistole zu schießen. Er sah kaum, wohin er zielte. Seine Hand zitterte. Wojciech stieg vom Kutschersitz herunter und fing an zu schreien: ›Exzellenz, Adam Lech hat keine Waffe. Er winkt mit leeren Händen.‹

›Keine Waffe, was ist denn das für ein Duell?‹, rief Piorun. Ich will die Geschichte nicht in die Länge ziehen. Lech hatte ebenfalls die Aufforderung bekommen, in Warschau zu erscheinen, aber er hatte weder Wagen noch Pferde, so dass er nach langem Überlegen sich entschlossen hatte, seinen langjährigen Feind zu bitten, ihn nach Warschau mitzunehmen.

Ihr lacht, was?«, fragte Genendl. »Und so geschah es. Was macht ein Gutsbesitzer, der zu einer Gerichtsverhandlung aufgerufen wird und weder Pferd noch Wagen besitzt? Lech kam zu Pioruns Wagen und begann, sich zu verneigen und Kratzfüße zu machen, zu stottern und Piorun zu bitten, ihm den Gefallen zu tun, ihn nach Warschau mitzunehmen. Als Piorun diese Worte hörte und seinen Erzfeind gebeugt, runzlig und wie ein Skelett zusammengeschrumpft sah, in einen alten Mantel gekleidet, mit einem Sack über der Schulter wie ein Bettler, da vergaß er alle ihre Streitereien. Er fing an, zu lachen und zu weinen, und sagte: ›Mein lieber Nachbar, mein Freund, warum seid Ihr denn nicht gleich zu mir gekommen? Ich hätte Euch ja um ein Haar erschossen. Gewiss, wir waren einmal Feinde, aber wir sind Polen, Brüder einer Nation, und ich werde Euch nicht zu Fuß nach Warschau gehen lassen. Kommt, mein lieber Herr, steigt ein.‹ Die beiden Gutsbesitzer umfassten einander, küssten und umarmten sich wie alte Freunde. Piorun holte eine Flasche Wodka heraus, und sie tranken gegenseitig auf ihre Gesundheit, brachten Trinksprüche auf den Erfolg des jeweils anderen in dem Prozess aus. Dann sagte Piorun: ›Was will ich denn mit Eurem Stück Land? Wem soll ich es hinterlassen? Meine Erben sind reicher als ich. Alles, was man in unserem Alter braucht, ist ein Grab.‹ Lech sprach in gleichem Ton. ›Der ganze Krieg zwischen uns war ein Fehler, eine Laune, ein dummer Ehrgeiz‹, sagte er. ›Vielleicht war es der Teufel, der immer hinter den Kindern Gottes lauert und ihren Geist verwirrt, der uns verderbt hat. Exzellenz, wozu brauche ich das Land? Ich habe ja nicht einmal jemanden, der sich um meine Blumentöpfe kümmert.‹

Beide Gutsbesitzer reisten gemeinsam nach Warschau, sprachen von alten Zeiten, machten sich über die polnischen Gerichte lustig, über ihre Anwälte, ihre Ankläger, die falschen Zeugen, die beide Prozessparteien angestiftet hatten, und die Sprache des Gerichts, die in einem Latein geschrieben wurde, das niemand verstehen konnte. Lech sagte: ›Mein Freund, ich glaube nicht mehr daran, dass die Warschauer Schmarotzer und Vampire ein endgültiges Urteil fällen werden. Kein Kläger in Polen hat jemals lang genug gelebt, um das Ende eines Prozesses zu erleben. Das Ende kommt für die Prozessparteien, nicht für die Prozesse.‹

Adam Lech hatte Recht. In Warschau erfuhren die Prozessgegner, dass das Gericht noch weit davon entfernt war, ein endgültiges Urteil zu fällen. Es wurde ihnen auferlegt, nochmals Landvermesser zu beauftragen, das Land zu vermessen, das in all den Jahren mit Unkraut überwuchert war und von Schlangen, Feldmäusen und allen Arten von Ungeziefer wimmelte. Diese Vermessungen würden einen Haufen Geld kosten. Sie sollten mit anderen Vermessungen in Archiven verglichen werden, von denen nur Gott wusste, ob sie noch existierten. Sowohl Piorun wie Lech beschimpften die Gerichtsbeamten und nannten sie Diebe, Tellerlecker, Ratten und Aasgeier. Dann gingen sie in ein Wirtshaus, um etwas zu trinken.

In den Korridoren des Sejm wurde viel über diese ungewöhnliche Vereinbarung geredet, und als beide Gutsbesitzer zur Sitzung in den Sejm kamen, wurde ihnen von allen Bänken Beifall zuteil. Um den Friedensschluss zu bekräftigen, legte Piorun bei dieser Gelegenheit kein Veto ein. Zum ersten Mal in seinem Leben stimmte er mit allen anderen Gesetzgebern überein, als Zeichen, dass die Polen von nun an wie ein vereintes Volk handeln würden.

Zu spät! Nicht lange danach teilten die Könige von Österreich, Russland und Preußen Polen unter sich auf. Piorun und Lech starben und wurden nicht weit voneinander beerdigt. Und noch viele Jahre später erzählten sich die Gutsbesitzer in ganz Polen die Geschichte von den befreundeten Prozessgegnern.«

~

Elke Heidenreich

Frühstück

Mit meinem Freund Carlo war ich bis zum Morgengrauen in unserer Stammkneipe versackt, und dann wurden wir im Schlachthof wegen Trunkenheit nicht zum Frühstück reingelassen. McDonald's hatte noch geschlossen, nur der Drive-in-Schalter war offen, und Carlo machte so lange tüüüt-tüüüt und spielte ein Auto, bis wir lachend bedient wurden: zwei Hamburger, 15 Dosen Bier hatten wir schon am Kiosk besorgt, aber wo verzehren, im Regen, in der Kälte des frühen Morgens?

Carlo wusste immer Rat. Er rief ein Taxi, ließ es mit laufender Uhr am Straßenrand halten, wir frühstückten in aller Ruhe, es kostete 25 Mark.

Alles nicht so ganz politisch und ökologisch korrekt, aber freundschaftlich ein Frühstück erster Klasse.

~

Marco Lodoli

Freunde treffen

Wie schwierig es doch geworden ist, Freunde zu treffen! Die Stadt scheint ein Schlachtfeld, unmöglich zu überqueren, eine Schranke aus vibrierenden Blechkisten und schlechter Laune, die dazu herausfordert, dort zu bleiben, wo man ist, im eigenen Viertel, im eigenen Wohnblock, im eigenen Nest. Wenn man zu einer Verabredung aufbricht, ist man schon von vornherein vollkommen verspätet, eingeschmolzen in den Lavastrom aus Autos, der um einen herum erstarrt, ja, man bereut bereits die verschrobene Idee, sich in einem Café mit einem Freund wiedertreffen zu wollen, den man seit längerem aus den Augen verloren hat. Und wiederum wird neue Zeit verstreichen, und vielleicht liegt die Schuld daran nicht nur bei diesem Knäuel aus Metall und erstickendem Smog, es ist das Leben selbst, das uns daran hindert, in aller Seelenruhe mit einem lieben Freund zu plaudern: jeder von uns hat tausend Dinge zu tun, und die Verabredung entfällt, wird auf die nächste Woche verschoben oder auf den Monat danach oder auf das kommende Jahr, wenn wir ein wenig Zeit finden werden, die wir uns selbst widmen. Es endet damit, dass man sich endgültig aus den Augen verliert oder sich zufällig trifft, in einer Straße der Innenstadt oder auf einem Fest, wobei man dann verlegen ist, weil man nicht dazu imstande war, das Treffen auch wirklich zu wollen. Das sind Begegnungen, die der endgültigen Trennung vorausgehen. Deshalb ist die Insel dieser Woche dem unfehlbaren Stelldichein gewidmet, an der Krümmung, an der sich seit Jahrtausenden – unvermeidbar und in Liebe – Aniene und Tiber vereinigen. Dazu muss man Ponte Milvio hinter sich lassen, Viale di Tor di Quinto bis zur Olimpica-Überführung durchfahren und gleich danach in eine kleine Straße nach rechts einbiegen. Dann heißt es noch, ein Zigeunerlager und zehn Sportplätze links hinter sich zu lassen, um endlich bei einem Tennisclub anzulangen, der »La Mirage« heißt. Lasst uns unauffällig eintreten und auf das kleine Restaurant zugehen, das am Fluss liegt: die Suche ist noch nicht zu Ende, man muss noch eine Glastür und eine kleine gepflegte Rasenfläche passieren, um sich endlich über ein hölzernes Geländer beugen zu können: Von hier aus sieht man die beiden Flussläufe ihr Wasser einträchtig miteinander vermengen, heute wie immer schon, Sekunde auf Sekunde, ob sie Hochwasser führen oder halb ausgetrocknet sind oder aber auch trübe und aufbrausend wie wir, aber treuer als wir im Einhalten einer Verpflichtung. Und im Anblick dieser Vereinigung lasst uns einen Kaffee trinken, vielleicht in Gesellschaft eines alten Freundes, und nach Worten suchen. ~

Peter Bichsel

Von Paris erzählen

Es gibt Tage, die haben keine Gelegenheit stattzufinden. Sie sind dadurch gelähmt, dass man heute nichts tun kann, weil noch so viel zu tun wäre – morgen, übermorgen, nächste Woche. Man kann jetzt nichts tun, weil viel anderes dringend zu tun wäre, und nicht alles, was morgen zu tun ist, kann man heute schon tun.

Am Ende eines solchen langen, langen Tages zwei gute Freunde getroffen. Zwei von jenen Freunden, die man selten sieht, oft monate- oder jahrelang nicht, und an die man immer denkt, nach denen man sich immer wieder erkundigt und sich vornimmt, sie anzurufen. Wir setzten uns in die Abendsonne und redeten und redeten.

Der Tag wurde doch noch zu etwas, zu einem Augenblick, zu einem langen Augenblick. Ich stellte beim Nachhausegehen fest, dass ich doch gern lebe.

Ich erzählte meiner Frau von der beglückenden Begegnung, und sie wollte wissen, wie es den beiden denn gehe. Zu meiner Überraschung wusste ich es nicht. Dann wollte sie wissen, was sie denn erzählt hätten. Das wusste ich zwar noch – das Gespräch war mir wichtig und hatte mich beglückt –, aber nun war es plötzlich nicht mehr erzählenswert. Zwar wusste ich noch, wovon wir gesprochen hatten, aber ich hätte nur den Inhalt des Gesprächs wiedergeben können, und hätte ich es getan, ich hätte mir selbst die Freude an jener Begegnung verdorben.

Warum kann man das später nicht erzählen? Ganz einfach: Eben weil es nicht erzählbar ist.

Ich habe zwei Bücher bekommen, auf denen mein Name steht und die ich nicht lesen kann – eines auf Dänisch, eines auf Koreanisch. Selbstverständlich freue ich mich, bin ein wenig stolz darauf, und weil ich sie nicht lesen kann, bleibt mir nichts anderes übrig, als sie ein bisschen zu streicheln. Aber irgendwie sind mir die beiden Bücher peinlich. Ich fürchte, dass sie vielleicht nur übersetzt sind, dass darin nur wiedergegeben ist, was ich geschrieben habe. Ich nehme zwar an, dass der Übersetzer sich über meinen Text gefreut hat – so wie ich mich über das Gespräch gefreut habe –, aber ich fürchte, dass er ihn nur wiedergibt, ohne ihn erzählbar gemacht zu haben. Was man erzählt, das muss erzählbar sein.

Es gibt bestimmt unübersetzbare Texte – Texte, die man nicht noch einmal erzählbar machen kann.

Die Fragen meiner Übersetzer nach der Bedeutung einzelner Wörter machen mich skeptisch, die Bedeutung einzelner Wörter hat mit der Erzählbarkeit nichts zu tun.

Es würde mir leichter fallen, über Paris zu erzählen als über New York. Paris kenne ich sehr gut aus literarischen und privaten Erzählungen, aus dem Kino auch. Paris ist für mich zum vornherein eine Erzählung, weil ich im wirklichen Paris noch nie war. In New York war ich aber oft und lange. Vorläufig würde mein Bericht darüber heißen: »Ja, ja. New York.« Für mehr müsste ich es erst erzählbar machen.

(Ich erinnere mich an den alten Bauernknecht, der – vor allem durch missliche Umstände – weit in der Welt herumgekommen war. Er war ein ehrlicher Erzähler, und das ging so: »Hongkong zum Beispiel, ühh dehr – Helsinki zum Beispiel, ühh dehr – Paris zum Beispiel, ühh dehr …«. Ich hätte ihm stundenlang zuhören können, die Namen der Orte, die er genüsslich über die Zunge fließen ließ, waren die ganze Geschichte. Er konnte viele Fremdsprachen. Und er wusste von den Grenzen der Erzählbarkeit.)

Als Kind hat man sich vorgestellt, später einmal die ganze Welt anzuschauen, Afrikaforscher zu werden, China zu bereisen wie Marco Polo. Ich saß vor der Weltkarte und plante meine Reisen. Auf Australien verzichtete ich zum voraus, aber Paris hatte erste Priorität. Inzwischen bin ich durch beruflichen Zufall in Australien gewesen, in Paris nie. Ich werde das auch nicht nachholen. Aber die Möglichkeit, einmal hinzufahren, bleibt mir wichtig. Ich bin darauf angewiesen, dass es Paris gibt. Im Kleinen nennt man das Infrastruktur: Alle ärgern sich darüber, dass sonntags fast alle Restaurants geschlossen sind, aber die wenigen in der Stadt, die offen sind, sind leer. Man geht zwar nicht hin, aber die Vorstellung, überhaupt nicht hingehen zu können, ist unerträglich. Ich war schon seit Monaten nicht mehr im Kino – trotzdem, ich finde, dass es in meiner Stadt zu wenige Kinos gibt. Ich bin froh, dass es eine ganze Welt gibt. Ich brauche sie als Fluchtmöglichkeit – nicht in Wirklichkeit, aber in meinem Kopf. Ich bin froh, dass Paris am Sonntag offen ist.

Darüber sprachen wir drei an diesem schönen Abend, fiel mir hinterher ein. Und wenn man mich fragt, warum denn das Sprechen über solche Dinge glücklich machen kann, dann kann ich nur hilflos mit den Schultern zucken, denn weil ich es nicht übersetzen kann vom Deutschen ins Deutsche, weil ich es nicht erzählbar machen kann, bleibt es nur ein Inhalt, nur ein Thema. Sprache hat mit Sprechen zu tun. Hie und da erleben wir Sprache als Glück. Eben, wenn wir sprechen – über irgendetwas –, über Paris zum Beispiel.

~

Autoren- und Quellenverzeichnis

Peter Bichsel (geb. 1935)

Meine langen Reisen nach Biel; Mit freundlichen Grüßen. Aus: Peter Bichsel, Mit freundlichen Grüßen. Herausgegeben von Adrienne Schneider. © Insel Verlag Berlin 2014.

Von Paris erzählen. Aus: Peter Bichsel, Kolumnen, Kolumnen. © Suhrkamp Verlag Frankfurt am Main 2005.

Bertolt Brecht (1898-1956)

Freundschaftsdienste; Herr Keuner vertritt die Leute; Liebe und Freundschaft*. Aus: Bertolt Brecht, Geschichten vom Herrn Keuner. © Brecht-Erben und Suhrkamp Verlag Berlin 2012.

Lily Brett (geb. 1946)

Geschenke. Aus: Lily Brett, New York. Aus dem Englischen von Melanie Walz. © Suhrkamp Verlag Berlin 2014.

Elena Ferrante

Lila*. Aus: Elena Ferrante, Meine geniale Freundin. Kindheit, frühe Jugend. Roman. Aus dem Italienischen von Karin Krieger. © der deutschen Ausgabe Suhrkamp Verlag Berlin 2016.

Max Frisch (1911-1991)

Wahre Freunde*. Aus: Max Frisch, Tagebuch 1966-1971. © Suhrkamp Verlag Frankfurt am Main 1972.

Peter Handke (geb. 1942)
Mein reicher Freund. Aus: Peter Handke, Tage und Werke. Begleitschreiben. © dieser Ausgabe Suhrkamp Verlag Berlin 2015.

Elke Heidenreich (geb. 1943)
Frühstück. Aus: Elke Heidenreich, Alles kein Zufall. Kurze Geschichten. © 2016 Carl Hanser Verlag München.

Hermann Hesse (1877-1962)
Maler und Schriftsteller. *[Ernst Morgenthaler].* Aus: Hermann Hesse, Sämtliche Werke. Herausgegeben von Volker Michels. Band 12. Autobiographische Schriften II: Selbstzeugnisse, Erinnerungen, Gedenkblätter und Rundbriefe. © Suhrkamp Verlag Frankfurt am Main 2003.

Erich Kästner (1899-1974)
Zwei Freunde*. Aus: Erich Kästner, Das fliegende Klassenzimmer. Ein Roman für Kinder. In: Erich Kästner, Werke. Band 8: Eintritt frei! Kinder die Hälfte! Romane für Kinder II. Herausgegeben von Franz Josef Görtz in Zusammenarbeit mit Anja Johann. Carl Hanser Verlag, München–Wien 1998. © Atrium Verlag, Zürich 1935.

Marco Lodoli (geb. 1956)
Freunde treffen. Aus: Marco Lodoli, Inseln in Rom. Streifzüge durch die Ewige Stadt. Ausgewählt und aus dem Italienischen übertragen von Gundl Nagl. © der deutschen Ausgabe: Carl Hanser Verlag, München–Wien 2003.

Amos Oz (geb. 1939)
Die gute Stunde*. Aus: Amos Oz, Eine Geschichte von Liebe und Finsternis. Roman. Aus dem Hebräischen von Ruth Achlama. Copyright der deutschen Ausgabe © Suhrkamp Verlag Frankfurt am Main 2004.

Cees Nooteboom (geb. 1933)
Das Rätsel der Freundschaft*. In: Cees Nooteboom, In memoriam Mary McCarthy 1912-1989. Aus: Cees Nooteboom, Gesammelte Werke. Band 8: Essays und Feuilletons. Aus dem Niederländischen von Helga van Beuningen u. a. Herausgegeben von Susanne Schaber. © Suhrkamp Verlag Frankfurt am Main 2006. © Cees Nooteboom 2006.

Marcel Pagnol (1895-1974)
Mein Freund Lili*. Aus: Marcel Pagnol, Marcel. Eine Kindheit in der Provence. Aus dem Französischen übertragen von Pamela Wedekind. © 1964 by LangenMüller in der F.A. Herbig Verlagsbuchhandlung GmbH, München.

Antoine de Saint-Exupéry (1900-1944)
Bindungen*. Aus: Antoine de Saint-Exupéry, Der Kleine Prinz. Deutsch von Peter Sloterdijk. © Insel Verlag Berlin 2015.

Michael Scharang (geb. 1941)
Alte Freunde*. Aus: Michael Scharang, Komödie des Alterns. Ein Roman. © Suhrkamp Verlag Berlin 2010.

Isaac Bashevis Singer (1902-1991)
Die Prozessparteien. Aus: Isaac Bashevis Singer, Ein Tag des Glücks und andere Geschichten von der Liebe. Aus dem Amerikanischen von Ellen Otten. © der deutschsprachigen Übersetzung: Carl Hanser Verlag, München 1990. © Farrar, Straus & Giroux.

* Alle mit einem Stern gekennzeichneten Titel stammen von der Herausgeberin.

Inhalt

3. Auflage 2023. © Insel Verlag Berlin 2017. Alle Rechte vorbehalten, insbesondere das der Übersetzung, des öffentlichen Vortrags sowie der Übertragung durch Rundfunk und Fernsehen, auch einzelner Teile. Kein Teil des Werkes darf in irgendeiner Form (durch Fotografie, Mikrofilm oder andere Verfahren) ohne schriftliche Genehmigung des Verlages reproduziert oder unter Verwendung elektronischer Systeme verarbeitet, vervielfältigt oder verbreitet werden. Bezugspapier: Hans Traxler, Frankfurt am Main. Gesetzt in der Schrift Minion Pro. Gedruckt auf holzfreies, alterungsbeständiges Werkdruckpapier der Firma LENK Paper Schleipen GmbH, Bad Dürkheim, von der Memminger MedienCentrum AG. Gebunden in Fadenheftung von der Josef Spinner Großbuchbinderei GmbH, Ottersweier. Dieses Buch wurde klimaneutral produziert: climatepartner.com/14438-2110-1001. Erste Auflage 2017.

Printed in Germany. ISBN 978-3-458-20515-9

www.insel-verlag.de